马尔代夫旅行随身书

（第2版）

王蕊 赵传真 孙琦 吴奇 ◎ 编著

北京·旅游教育出版社

"马尔代夫，那里椰林树影，水清沙幼，蓝天白云，是位于印度洋上的世外桃源……" 麦兜

Preface 序

　　马尔代夫在我心中，一直都是被麦兜描绘好的，但在不断地走过花草林荫、细滑沙滩时，才意外地发现，马尔代夫和想象中相距太过遥远，这里，完全不是印象中事先打好草稿的样子。

　　这里的房间大部分隐在浓密的绿荫中。喷香的花、椰树和各种植物勾勒出人行小道，小道以白沙为底，太阳把它晒得烫烫的，远远看去闪着不太真实的银光。树荫下的道路中央，冒出一些蓬勃的小青草，两旁滚着一些发黄的椰子，几只长得像仙鹤的鸟慢动作般缓步其中。时间流逝得很慢，缓缓地，弥漫在这里。

总共不过十几条弯弯曲曲的海边小路，每次走却觉得它们变化多端不可捉摸。有时，会遇到帅气的服务员跟你打招呼，他们无论何时都带着一脸和和气气的微笑，黑黑的皮肤映衬得牙齿又白又亮，一下子让人觉得亲切很多。有时，会有一棵鸡蛋花树为你盛放，白的花朵，黄的花心，一树的灿烂芬芳。除了在餐厅，难得遇上游客，到处都是一种安然静谧的美，令从城市里逃出来的人们满心舒畅。

　　这里，是第一次让我有"畅游"之感的海域。海水如此清澈而又深邃，从热热闹闹、色彩缤纷的浅水，一口气游到幽深无比、万丈之深的海谷，上层还有阳光照下，越往下越呈现出深沉的蓝色。浮在水面向下看去，视角就好像飞鸟掠过悬崖，阳光有时会把我们的影子打在悬崖壁上，看起来仿佛梦中来过此地。头埋在海水中可以清晰地听到自己的呼吸声，四周静得不似人间，有成群的鱼从身体下面掠过，慢动作似的直坠海谷的最深处。海谷中心的蓝色自有一种把人往下吸的魅力，那种感觉仿佛站在万仞高山上向下望，山脚下的地面似乎很远，又似乎很近，像遥望夜空中的繁星，仿佛伸手就能摸到一样。看了一会儿就要入迷，只想游到那隐秘的深处去探个究竟。

　　值得一提的是，夜晚的星星特别好看，用繁星似锦来形容真是一点儿也不为过，在城市里从来没有见过这么吸引人的夜空。天空从边缘向中心颜色越来越深，穹顶是极深极纯的深蓝色，中间的星星就像一大片钻石撒在绒布上，放出璀璨的光芒，好像很高很高，又像伸手就能摸到。任何人看到这种美景，都会不自觉地伸出手来想触摸那夜空。我们最喜欢做的事，就是躺在栈桥上、泡在泳池中，向天空抬着手，一笔一笔地描画着自己的星座，如坠梦中。

※本书中所使用马尔代夫各度假村之图片分别由马尔代夫各度假村提供。

CONTENTS ▶▶▶
目录
马尔代夫旅行随身书

序 2

PART 1 马尔代夫简介　6

PART 2 马尔代夫自助行入门　9

到马尔代夫有什么可玩的　9
旅游时长建议　10
如何预算花费　10
如何选择岛屿　13
主要岛屿分布及房间数　14
马尔代夫主要岛屿示意图　16

PART 3 马尔代夫特色岛屿推荐　17

01 最梦幻浪漫 Conrad Maldives Rangali Island　18
02 最奢华的世外桃源 Beach House Iruveli　32
03 适合年轻人的热辣岛 W Retreat & Spa-Maldives　36
04 奢华名岛，十大美岛之首 Huvafen Fushi　42
05 海中的世外桃源 Angsana Velavaru（维拉瓦鲁悦椿度假村）　44
06 碧海上的人鱼城堡 KANUHURA　48
07 不租房间，租小岛 Banyan Tree Madivaru（马迪瓦鲁悦榕庄）　52
08 最随心所欲 One&Only Reethi Rah　56
09 低调奢华的海上宫殿 Gili Lankanfushi　64
10 全部都是水上屋 Cocoa Island　68
一价全包式度假村实惠大比拼　76

PART 4 马尔代夫日记　　91

- 最实惠的岛屿"通票"　93
- 您几位太性感了，我去拿几条毛巾帮你披上，好吗？　95
- 去马尔代夫要自带矿泉水？别扯了！　99
- 偷营水上屋，刺激的野潜　101
- 浮潜，岛上最好玩的活动　105　● 乌龙英文　109
- 如何用肢体语言表达鲸鱼　109
- 香蕉船和沙滩排球　113
- 凌晨1点前不要睡觉，晚上也精彩　117
- 游戏一定要参加　121　● 大餐、夜生活　125
- 邂逅海龟　131　● 下雨　137
- 海钓，居然钓到一条带鱼　139　● 购物　143

PART 5 马尔代夫书友真心话　　145

Conrad Maldives Rangali Island的Dhoni之旅

PART 1

马尔代夫简介

　　马尔代夫平均海拔1.2米，目前，因为全球气候变暖，其自然环境受到相当大的影响，海平面在加速上升，珊瑚礁在加速死亡，科学家计算，不出百年，马尔代夫将被海水淹没，这个世界上最美的地方即将消失。

　　很多人问我马尔代夫有什么景点可以玩，误以为这里就像中国海南岛一样，是个大大的岛屿。其实马尔代夫是由26组自然环礁、1 192个小岛组成的。群岛南北长约820公里，东西宽约130公里，其中对游客开放的岛屿有90来个，另外有200来个岛屿居住着当地人。由于环礁有水浅、温暖的特性，这里的海洋生物丰富，是全世界最佳潜水天堂之一。各小岛之间的交通以Dhoni(传统船只)、快艇、水上飞机为主。

● 岛屿和酒店

马尔代夫的观光政策是"一岛一酒店",也就是一个岛屿上只有一家酒店,各岛屿之间来往不便,游客选择了一个岛,也就意味着选择了这家酒店,整个度假时光都将在这里度过。为了保持岛屿的美丽,马尔代夫政府规定,度假村内最高的建筑不能高过岛上最高的椰子树。

一个度假岛屿通常分为三部分——本岛、环绕本岛的海滩浅水区以及包围它们的外海。本岛是活动的大本营,外海适于船钓,最精彩的部分则在于海滩及浅水区。由于海流的交汇与滋养,这里的珊瑚礁(Reef 或 House Reef)成为最美的浮潜区,许多西方游客专程来马尔代夫就是为了一睹这里美丽的海底世界。

● 首都

首都马累(Male)长2公里,宽1公里,在马尔代夫属于"大型"岛屿,但却被称为"全世界最小的首都",常规的参观景点有清真寺、总统府、鱼市场、传统市场及纪念品商店(这里的纪念品价格比酒店里的略低)。政府部门上班时间是周日到周四的7:30~14:30,私人单位上班时间是9:00~17:00,周五是放假日,所以参观马累时最好不要选周五。另外,岛上的商店每天都会有5次暂停15分钟的祈祷时间。

● 风俗人情

马尔代夫当地居民是虔诚的穆斯林,每日都会进行5次祷告,每逢周五,是伊斯兰教的安息日也是他们的星期假日,商店、学校和公共场所都会歇业。另外,男士出门不能穿短裤,女士出门必须穿长裙。游客在度假酒店内不必遵循这些礼节,但是要参观马累等当地居民居住的岛时,就要注意这些。

Conrad Maldives Rangali Island的海滩

● 气候

马尔代夫临近赤道，属海洋性热带气候，全年平均气温30℃左右，日照强烈，没有明显的四季之分。每年的5~10月属于雨季，时常有短时阵雨，也是旅游淡季，每年的11月至次年4月是干季，为旅游旺季。

● 时差

马尔代夫时间比北京时间晚3个小时，有个别岛晚2个小时。

● 护照和签证

踏出国门，首先要准备的是护照和签证。中国公民只需持有半年内有效的护照，即可在马累国际机场直接免费办理马尔代夫落地签证，时效为1~3个月。要提醒的是，护照封底页一定要签上本人名字，否则边防检查机关有权拒绝您出入境。

中国有直飞马尔代夫的航班，如海南航空。也可转机，目前新加坡航空公司、马来西亚航空公司、斯里兰卡航空公司均有转机飞往马尔代夫的航班，如果想在以上三个国家停留数日，在出国前需要办理相关国家的签证。

自助游者，需要在国内订好酒店，因为落地签证上要求填写度假期间将要入住的酒店。

● 货币及信用卡

自2013年1月1日起，马尔代夫政府调整旅游商品和服务税，由原有的6%上调至8%。各度假岛和首都马累，都可直接使用美元。VISA和MasterCard信用卡可以使用。

在度假期间，建议用美元或者信用卡支付，信用卡需为双币信用卡(可刷美元的)。出国前，可携带身份证及护照到银行兑换美元。在国内每人一次最多可兑换2 000美元，一年最多可累计兑换5万美元。

● 语言

马尔代夫的官方语言为迪维希语(Dhivehi)，但英文几乎是全国通用。

● 交通

国际航班：新加坡航空、斯里兰卡航空、马来西亚航空可达。

机场到首都：机场岛临近首都马累岛，乘船到首都仅需要十几分钟，船票1美元。

机场到酒店：各酒店在机场都设有接待处，负责把旅客送至岛屿。视岛屿远近，可以选择快艇或者水上飞机作为交通工具。

● 电源插座

电压220伏特，插座如右图。

● 美食

当地食物偏辣，以鱼和咖喱为主。在马累南部可以品尝到传统小吃。

● 购物

当地特产有贝壳产品、芦苇垫子、椰壳制品、木漆盒子、手绘画、鱼骨等。注意，马尔代夫严禁出口珊瑚。另外，游客不可擅自带走沙滩中的贝壳，购买贝壳需要前往当地受承认的商店。

Conrad Maldives Rangali Island的水上SPA别墅

PART 2
马尔代夫自助行入门

● 到马尔代夫有什么可玩的

　　这里的最佳旅游方式和其他地方不同。马尔代夫一个岛就是一座饭店，当抵达以后，饭店所在的岛屿就是活动的主要范围。比较大的岛走路环岛一周大概要1个小时，比较小的岛只要15分钟就可以绕个来回。岛上最著名的"景点"就是餐厅、大堂，想要找夜市或者其他什么地方逛逛是不可能的。

　　那，到岛上玩什么呢？在马尔代夫的时光严格来说不能算是旅行，只能算度假或者休闲，因为在这样的弹丸之地，发呆、懒散、晒晒太阳、看看小说，才是最佳的放松方式。在岛上，能够进行的活动有SPA、游泳(泳池、海边)、浮潜、水边运动(帆船、香蕉船、沙滩排球)等。酒店也提供一些付费行程：列岛游，坐船到附近的岛屿观光；孤岛晚餐，乘船去一个很小、很私密的岛屿享用二人烛光晚餐；黄昏海钓，坐船出海手拿渔线钓鱼，晚餐就吃战利品；胆大一些的可以租船去深海钓一个人都扛不起来的大鱼；潜水，乘船到海底视野极佳的潜水地；追逐海豚之旅，黄昏坐船去邂逅海豚。

　　潜水是不可错过的项目。马尔代夫是最好的潜水地之一，大部分度假村都会有潜水中心，游客可以在此租借专门的器具，参加潜水行程或学习潜水课程。

● 旅游时长建议

在马尔代夫待多久比较合适且实惠呢？旅行社安排的行程多为6天，其中最后1夜会在回程的飞机上度过，如果要去的岛屿必须乘水上飞机才能到达的话，可能还需要在马累多待1夜（水上飞机晚上不飞），这样实际游玩天数是3~4天。考虑到机票价格不低，多玩几天平均花费会更实惠些，也有很多岛屿为住宿时间长的游客提供优惠。总体来说，7天6夜或者8天7夜是比较推荐的时间安排。

决定日期和旅游时长以后，需要订机票仓位和订房，热门度假村、水上屋都要提前预订，欧美游客很多习惯于提前半年甚至一年订房，不想遭遇处处客满就要提早规划。

● 如何预算花费

选择自己能力范围内的预算规划，才能玩得更尽兴。应该如何规划预算呢？马尔代夫旅游一岛一饭店的特殊性在前面已经提到，根据这些特性，旅游预算主要是两部分支出：往返机票、酒店及酒店内活动的花费。

1. 机票

大多数人选择斯航、新航、马航，具体可以参见前文"交通"部分。机票价格淡旺季会有不同，具体可登录航空公司网站或者携程网、去哪儿网等查询。

2. 酒店及酒店内活动价格

这一部分的价格由以下几项决定。

房价

淡旺季价格差别很大，一般而言，5、6、9、10月为淡季，11月至次年1月为旺季。淡季价格比旺季低40%~50%。不论酒店的级别如何，房型通常都分为沙滩屋、水上屋两大类，每类都有不同的档次，比如沙滩屋可能分为普通房、高级房。沙滩屋比较实惠，水上屋较贵，一般来说，水上屋比沙滩屋价格每晚高200美元。

机场到度假村的接送费用

下飞机以后，到酒店有两种选择——坐船或者水上飞机，这由岛屿与马累之间的距离决定。

不要小看来回接送的费用，如果选择较远的岛屿，必须乘水上飞机抵达，那通常要花费170~270美元/人的费用，且由于水上飞机只在白天营运，而大多数航班都是晚上抵达，所以如果选择这类度假村，就需要在马累

One&Only Reethi Rah的海滩私人用餐区

Beach House Maldives Iruveli的Ocean Villa

住宿一晚。

如果是快艇能抵达的岛屿，就会便宜很多，50~100美元/人就差不多了。坐船可达的度假村集中在马累南环礁(South Male Atoll)、马累北环礁(North Male Atoll)；其他岛屿则大多需要搭乘水上飞机才能到达。

马累过渡房价

如前文所述，如果要去的度假村较远，需要搭乘水上飞机，那么有可能需要在马累住宿一晚。机场旅店价格较贵，一晚约180美元；马累市区的旅店只需不到一半的价格就可以了。机场到马累市区坐船需约20分钟，费用需2美元。由于价格原因，很多游客会选择去马累住宿并且顺路游玩。

餐饮

在"一岛一酒店"的马尔代夫，一但选择好度假岛以后，一日三餐就都要在这个岛上解决，为了方便游客选择，度假村通常会提供以下几种报价：

Room Only：RO，仅含房价
Bed&Breakfast：B&B，房价含早餐
Halfboard：HB，房价含早餐、晚餐
Fullboard：FB，房价含三餐
All-Inclusive：AI，房价含三餐+饮料(有些含水上运动器材)

多数饭店提供的基础报价都是B&B。考虑到度假时起床较晚、且中午可能去潜水，饭店也提供HB的报价，这是比较实惠的选择。B&B和FB的差价大概在10~120美元/人/天。

由于岛上饮用水是要花钱购买的，价格较贵（小瓶大约3美元），所以AI的报价形式也很受欢迎，各酒店AI包含的项目不尽统一，一般含三餐、各种饮料（包括水、果汁、鸡尾酒等）、海边活动器材、去专属的餐厅用餐等，去前还需要具体咨询度假村。

瓦宾法鲁悦榕庄的Deluxe Oceanview Villa

由于潜水较多很容易饿，我们推荐全餐FB的形式，从网上的评论来看，看起来经济实惠的半餐HB到下午会感到比较难熬。

游乐费
通常价格为：马累首都游25~35美元； 海钓60~70美元；列岛游30~50美元；潜艇+首都游90~100美元。这些游玩项目在岛上报名即可，一般要提前一天报名，有些游玩项目有最少人数限制。

隐形花费
旅行社服务费：当地旅行社报价会加收4%~10%的服务费，有些是总价外加收，有些是算到房价中；

A. 银行手续费：汇款需要负担银行手续费(双方手续费都需游客承担，大概30~50美元)、刷卡加收5%；

B. 税金：直接向酒店订房需要收每人每天8美元的床铺税，一些酒店会把直接订房的客人转到合作旅行社，旅行社则会将此费用摊到房价中。

c. 小费：小费每天1~5美元。

各旅行社的报价都有所不同，有些会把刷卡及汇款费用算在总费用里一起报给你，有些则另外加收，所以要记得问清楚除了"房+接送+三餐"以外，还要加收哪些费用。

以下是预算花费表，按此表格整理以后，一次旅行预算就会清清楚楚地浮现出来了。

项目	明细		花费	备注
机票				
酒店	房费	水上屋	____夜*____美元=____美元	
		沙滩屋	____夜*____美元=____美元	
	接送	水上飞机	(※这三项可以合并成一项，就叫接送)	
		快艇		
		免费		
	过渡房	有		
		无		
	餐饮	餐		
		饮料、酒		
		特别晚餐		
	游乐	SPA		
		潜水		
		钓鱼		
		列岛游		
	隐形花费	税金		
		双方银行手续费		
		旅行社服务费		
		小费		
		其他		
	小计			

如何选择岛屿

马尔代夫是"一地休闲"型的旅游地,选择一个岛,所有活动都会在此岛展开,所以选择一个适合你兴趣的岛屿是非常重要的,它决定了你的假期精彩与否。这里告诉大家如何从众多岛屿中找出符合自己喜好的岛屿。

一般情况下,可以按以下五个步骤来做筛选。

第1步:岛屿位置、房间数——直接影响预算及私密性

位置:前文已提到岛屿位置影响预算,离马累远的需要乘坐水上飞机,机票和由此产生的住宿费用都会比较高。马累南北环礁(North Male' Atoll、South Male' Atoll)属近距离岛屿,快艇可到;其他岛屿需要乘坐飞机。

大小:通常来讲,岛屿越大,房间也就越多,价格相对较低,但过大的岛屿常常会有过度人工化的弊端,较多的游客也会让你感到私密性较差。太小的岛屿则价格较高,另外因为游客较少而可能导致一些自费活动(海钓、出海潜水等)凑不够人数而无法成行。建议选择30~200个房间区间内的岛屿。

第2步:排除不能接受的价格——太贵的不考虑

按照自己的接受能力,划定预算范围,太贵的岛屿可以不考虑。以下简要列出网友认为昂贵的几个岛屿代表:Four Season、Hilton、Taj Exotica、Soneva Fushi。

第3步:是否有珊瑚礁——有环礁的岛屿更适于浮潜

以我们的经验而言,一个拥有丰富珊瑚礁(Reef)的中级酒店岛屿,会比珊瑚礁稀少的高级酒店岛屿更有趣。有很多岛屿需要乘坐几十分钟的快艇才能到达海洋生物丰富的地方,每天花费不菲不说,还有可能因人数不够而取消行程。找到一个适合潜水的岛屿,会让你的假期活动更加丰富。

第4步:是否有水上屋——此项对蜜月旅行非常重要

并不是每个地方都有水上屋。岛屿必须拥有一片延伸出来的浅海域才有条件搭建水上屋,在蜜月这么重要的日子,一定要尝试一下才能满意。水上屋价格比较昂贵,很多游客选择只住2晚,其他时间入住沙滩屋。

第5步:饭店风格与服务、主要游客国籍

进行以上筛选以后,梦想中的酒店已经逐渐浮现出来,还剩几个岛屿,就需要你在网络上进行搜索了。关于饭店的风格,除了看官方网站图片以外,还可以搜索一下网友实拍的图片。有些爱热闹的游客希望挑选中国游客较多的岛屿,那么可以看一下网络上旅行社的行程列表,通常满月岛、卡尼岛、天堂岛、W宁静岛等旅行社主要推广的岛屿,中国游客较多。

瓦宾法鲁悦榕庄的Vabbinfaru Villa

微拉瓦鲁悦椿度假村的海中阁

● 主要岛屿分布及房间数

北部

1. 哈阿里夫环礁 Haa Alifu Atoll (隔日国内线飞机可达)

神仙珊瑚岛 Island Hideaway–Dhonakulhi
43间 ★★★★★

希拉蒙岛 Cinnamon Island Alidhoo
99间 ★★★★

玛娜法鲁岛 The Beach House at Manafaru
68间 ★★★★

2. 诺鲁环礁 Noonu Atoll (隔日水上飞机可达)

希尔顿–伊露岛 Hilton Irufushi
183间 ★★★★

3. 拉薇雅尼环礁 Lhaviyani Atoll (隔日水上飞机可达)

古丽都岛 Kuredu 383间 ★★★★
肯尼呼拉岛 Kanuhura 95间 ★★★★★
柯梦多岛 Komando 65间 ★★★★

4. 拉环礁 Raa Atoll (隔日水上飞机可达)

阿达兰–美度胡珀鲁岛 Adaaran–Meedhupparu
215间 ★★★★

5. 芭环礁 Baa Atoll (隔日水上飞机可达)

四季–兰达吉拉瓦鲁岛 Four Seasons–Landaa Giraavaru
37间 ★★★★★

索尼娃芙西岛 Soneva Fushi
65间 ★★★★★

杜妮可鲁岛 Co Co Palm Dhuni Kolhu
98间 ★★★★

中部（首都及国际机场在此部分）

1. 马累北环礁 North Male' Atoll (当日快艇可达)

悦榕庄–瓦宾法鲁岛 Banyan Tree–Vabbinfaru
348间 ★★★★★

巴罗斯岛 Baros 375间 ★★★★★

波杜希蒂岛 Coco Palm Bodu Hithi
3 100间 ★★★★★

微拉瓦鲁悦椿度假村的海中阁户外用餐区

四季–库达呼拉岛 Four Seasons–Kuda Huraa
325间 ★★★★★

卡尼岛 Club Med Kani 230间 ★★★★

瑞提拉岛 One & Only Reethi Rah Maldives
3 123间 ★★★★★

喜来登–满月岛 Sheraton Maldives– Full Moon
176间 ★★★★

索尼娃姬莉岛 Soneva Gili 44间 ★★★★★
悦椿–伊瑚鲁岛 Angasana–Ihuru 45间 ★★★★
梦幻岛(芙花芬岛) Huvafen Fushi 44间 ★★★★★
珂伦巴岛 Kurumba 180间 ★★★★★
天堂岛/天堂水屋 Paradise/The Haven 240
260间 ★★★★

阿达兰-胡杜兰岛 Adaaran-Hudhuran Fushi
147间 ★★★★
班度士岛 Bandos 225间 ★★★
东菲利岛 Chaaya Island Dhonveli 90间 ★★★
姬娜瓦鲁岛 Giravaru 65间 ★★★
哈林吉利岛 Helengeli 50间 ★★★★
美茹岛 Meeru 260间 ★★★★
泰姬珊瑚岛 Taj Coral Reef 62间 ★★★★
苏哈姬莉岛 Thulhaagili 69间 ★★★★

2. 马累南环礁 South Male' Atoll (当日快艇可达)
娜拉杜岛 Naladhu 19间 ★★★★★
泰姬魅力岛 Taj Exotica 62间 ★★★★★
帆渡岛 Adaaran-Vadoo 50间 ★★★★
安娜塔拉-笛古薇莉岛 Anantara-Dhigu & Veli
124间 ★★★★★
可可亚岛 Cocoa 33间 ★★★★
康杜玛岛 Kandooma 160间 ★★★★
欧芙菲莉岛 Olhuveli 129间 ★★★★
蓝娜丽岛 RANNALHI 130间 ★★★★
薇拉莎露岛 Velassaru 129间 ★★★★
伦娜里岛 Adaaran Club Rannalhi
116间 ★★★
波莉珊瑚岛 Bolifushi 64间 ★★★
茵布杜岛 Embudu 124间 ★★★

3. 亚里北环礁 North Ari Atoll (隔日水上飞机可达)
悦榕庄-玛蒂瓦鲁岛 Banyan Tree Maldives Madivaru
6间 ★★★★★
康斯坦士-哈拉薇莉岛 Constance Halaveli
86间 ★★★★★
多尼蜜姬岛 Dhoni Mighili 6间 ★★★★★
W 宁静岛 W Retreat & Spa 78间 ★★★★★
库拉玛蒂-小环礁渡假岛 Kuramathi Island Resort
290间 ★★★★
蓝色美人蕉 Thulhagirit 72间 ★★★★
薇莉橄杜岛 Veligandu 76间 ★★★★
艾拉胡岛 Chaaya Reef Ellaidhoo 112间 ★★★★

4. 亚里南环礁 South Ari Atoll (隔日水上飞机可达)
港丽-伦格里岛 Conrad Rangali
150间 ★★★★★
狄瓦岛 Diva 193间 ★★★★
假日珊瑚岛 Holiday Island 142间 ★★★★
丽岛 Lily Beach Resort 119间 ★★★★★
蜜莉喜岛 Mirihi 36间 ★★★★★
太阳岛 Sun Island 150间 ★★★★

南部

1. 尼兰朵北环礁 North Nilandhe Atoll (隔日水上飞机可达)
菲莉西澳岛 Filitheyo 125间 ★★★

2. 尼兰朵南环礁 South Nilandhe Atoll (隔日水上飞机可达)
悦椿-薇拉瓦鲁岛 Angasana-Velavaru
111间 ★★★★★
美露丽芙岛 Vilu Reef 121间 ★★★

3. 美慕环礁 Meemu Atoll (隔日水上飞机可达)
曼德芙岛 Medhufushi 111间 ★★★★
加雅礁湖-哈库拉岛 Chaaya Lagoon-Hakuraa Huraa
80间 ★★★

4. 塔环礁 Thaa Atoll (隔日水上飞机可达)
丽晶渡假村 The Regent Maldives 50间 ★★★★★

5. 拉姆环礁 Laamu Atoll (隔日国内线飞机可达)
拉姆拉提杜渡假村 Six Senses Latitude Laamu
100间 ★★★★★

6. 卡夫阿里夫环礁 Gaafu Alif Atoll(隔日国内线飞机)
鲁宾逊渡假村 Robinson Club 101间 ★★★★★
阿里拉-哈达哈岛 Alila Villas Hadahaa
50间 ★★★★★

7. 西努环礁 Seenu Atoll (隔日国内线飞机可达)
香格里拉-薇宁姬莉岛 Shangri-La's Villingili
142间 ★★★★★

马尔代夫主要岛屿示意图

- 北1 · 哈阿里夫环礁 Haa Alifu
- 北2 · 诺鲁环礁 Noonu Atoll
- 北3 · 拉薇雅尼环礁 Lhaviyani Atoll
- 北4 · 拉环礁 Raa Atoll
- 北5 · 芭环礁 Baa Atoll
- 中1 · 马累北环礁 North Male' Atoll
- 首都马累 Male
- 中2 · 马累南环礁 South Male' Atoll
- 中3 · 亚里北环礁 North Ari Atoll
- 中4 · 亚里南环礁 South Ari Atoll
- 南1 · 尼兰朵北环礁 North Nilandhe Atoll
- 南2 · 尼兰朵南环礁 South Nilandhe Atoll
- 南3 · 美慕环礁 Meemu Atoll
- 南4 · 塔环礁 Thaa Atoll
- 南5 · 拉姆环礁 Laamu Atoll
- 南6 · 卡夫阿里夫环礁 Gaafu Alif Atoll
- 南7 · 西努环礁 Seenu Atoll

附 P.S

这里只列出了游客选择较多的几十个岛屿，星级和房间数请以酒店标示为准，去前请核实，此处示意图及房间数统计仅供参考。

MALDIVES

PART 3

马尔代夫特色岛屿推荐

01 » 最梦幻浪漫
▶▶▶ **Conrad Maldives Rangali Island**

主岛:55分钟
副岛:40分钟
代表步行环岛一周

连枕头都有菜单的奢华酒店，拥有**露天星光电影院**及世界第一家全玻璃打造的**海底餐厅**。

背景大搜索 BACKGROUND

Conrad Maldives Rangali Island隶属于希尔顿酒店集团公司旗下现代奢华品牌Conrad Hotels & Resorts。希尔顿酒店家族的优秀品牌还包括Doubletree、Embassy Suites、Homewood Suites、Hilton Garden Inn、Hampton Inn Hotels & Suites、Hilton Grand Vacations等分布于超过80个国家和地区近3 000间酒店。

抵达与离开 ARRIVAL & DEPARTURE

当你到达马累机场,度假村的工作人员在汇集抵达的全部宾客后,乘专用车陪同大家到设在机场的Conrad Lounge,在此等待水上飞机,填写入住卡片。休息厅里除了提供免费的零食和饮料,还贴心地为你提供10分钟的免费按摩服务,使你因漫长旅途而带给身体的疲惫感得到缓解。

水上飞机
往返价格:470美元(儿童价:235美元)
时长:30分钟
旅游税:8%

私人水上飞机
单程价格:3 500美元/机(最多容纳15人)
时长:30分钟

私人豪华游艇
单程价格:3 500美元/船(最多容纳15人)
时长:2.5小时
服务费:10% 旅游税:8%

> **提示 | TIPS**
> - 每人的行李重量需控制在25公斤以内,手提行李需控制在5公斤以内,若超标,按照5美元/公斤的标准收费。
> - 在马累机场乘坐晚班机离开的客人,可选择在水上飞机休息厅休闲至午夜(详情请参见p.33抵达与离开),需收取成人80美元,儿童40美元。
> - 若客人打算9:00以前到达马累机场乘坐班机离开,需在前一天下午之前离岛,然后在马累过夜,一切在马累过夜的费用需自付。

● 一眼望穿度假村 A BRIEF INTRODUCTION OF THE RESORT

从在飞机上鸟瞰度假村的那一刻起，就已深深感受到Conrad Maldives Rangali Island的奢华。度假村由两个独立的岛屿Rangalifinolhu Island和Rangali Island组成，这两个岛由一条长达500米的木桥连接，桥的两侧则是一望无际的大海和片片珊瑚群。

Conrad的奢华体现在细节上，比如：考虑到客人睡觉时的舒适度，度假村推出枕头菜单，为客人提供不同型号的枕头；电子无线遥控百叶窗操控便捷。

服务上，这里有24小时客房服务，每个别墅都配有私人保安，对于所有房型的Water Villa都提供私人管家服务。对于3~12岁的儿童，度假村每天都会安排不同的娱乐活动，其中还包括一些亲子活动，总之，绝对让孩子们闲不住。

在客房方面，大体分为3大类，Beach Villa和Spa Water Villa都位于Rangalifinolhu岛，Beach Villa有着美妙绝伦的户外景观，Spa Water Villa则设有私人按摩室。Water Villa有5种房型，其中中档价位的Deluxe Water Villas，在天台上安了一个巨大的按摩浴池。想象一下，夜晚在烛光的辉映下，徐徐海风吹过，泡着露天浴是何等浪漫啊！当然不光室外，室内的浴室还有一个按摩浴池和电视。

Conrad拥有世界上第一家全玻璃打造的海底餐厅Ithaa，梦幻般的氛围令人陶醉其中。另外，两种风格截然不同的SPA各居一个岛，无论是传统养生的疗程还是现代修身减压的方式，都可根据客人需求，选择适合自己的SPA方案。

这里的夜生活也是丰富多彩哦！夜晚的星空下，坐在泳池旁，可观赏露天电影。如果星光影院还不足以吸引人，到赌场一试身手如何？还有颇具感染力的马尔代夫传统歌舞表演，伴随着歌声和鼓声尽情舞起来吧！

● 舒适入住 ACCOMMODATION

实惠型客房：
Beach Villa（海滩别墅）
亮点：起居室以落地玻璃窗为门和墙。私人花园里，有喷泉庭院，亭子里有个超大的乳白色浴池，配着柔和的灯光，在四周绿植的映衬下，感觉无比浪漫。走在曲径通幽的石板路上，会发现路边还有一个依墙而建的露天淋浴。
这是最普通的客房，价格在625~2700美元。

豪华型客房：
Sunset Water Villa（落日水上别墅）
亮点：岛上仅有的两座落日水上别墅之一，占地250平方米，坐落于一片私人环礁湖之上，它是用加拿大红雪松木建造而成的。夜晚，点点灯光下，透过起居室的玻璃地板，可观赏海洋生物，倾斜的屋顶上挂着卫星电视系统的平板显示器，露台上设有奢华的按摩浴池，还有两间宽敞豪华的大理石浴室。
这是最昂贵的客房，价格在4 500~13 775美元。

黄金期：12月26日~次年1月7日，房价最高　　**悠闲期**：5月12日~9月30日，房价最低

★ **经典推荐**

Deluxe Beach Villa 顶级海滩别墅
别有洞天的私家花园，让人惊喜连连

　　私家花园里的喷泉，营造出童话般的氛围，让人品味着复古的浪漫情怀；而密林深处的浴室则给人迷幻醉人的感觉；茅草搭建的亭子顶，与周围的树丛浑然一体；浴室由乳白色的大理石修建而成，清爽宜人又不失富丽。渐变的灯光投射在古典风格雕刻的大理石柱子上，深紫色的床榻摆放在浴池旁，有没有嗅到一点神秘气息？想象一下，在这般如此环境下沐浴，是不是别有一番滋味在心头？
　　躺在起居室的大床上，透过四周落地玻璃的墙体，郁郁葱葱的植被恍如身处热带雨林之中。拉开玻璃门，迎面就是大大的泳池，夜晚泛着点点星光的池水，射灯映照下的棕榈树，伴着摇曳的树叶和海浪拍击岸边的"二重奏"，够浪漫了吧？不过，千万别以为浪漫只能等到夜幕降临时分啊！

★ 省钱套餐

活动时间：1.8～5.11
时长：14夜
优惠：住14夜付10夜的房费

活动时间：1.8～5.11
时长：7夜
优惠：住7夜付6夜的房费

活动时间：1.8～5.11
时长：5夜
优惠：住5夜付4夜的房费

活动时间：1.8～5.11
时长：4夜
优惠：住4夜付3夜的房费
TIPS：蜜月有礼的受惠客人也可以同时享受以上优惠活动。

吃吃喝喝 RESTAURANTS & BARS

★ 饕餮胜地搜索

Ithaa Undersea Restaurant 海底餐厅

在180度全景观海底世界用餐，仿佛做梦一般。

The Wine Cellar：葡萄酒窖

凉爽酒窖位于地下两米的深度，依稀的射灯光投映在酒架上，而800种品质上乘的葡萄酒正静静等待着葡萄酒发烧友的垂青。一张能容纳12个人的桌子被酒架所包围，每一位客人面前的桌上都摆着一个LED触摸屏，显示着主厨甄选的美食菜单和侍酒师精选出的与之绝配的葡萄酒。

Wine Bar：葡萄酒吧

以黑色和红色为主色调、黑砂为地的Bar，神秘又富于激情；坐在通透的玻璃长桌旁，有101款世界顶级口味的奶酪任选择，品着葡萄酒，再配上美食，享受交融的味觉体验。围绕着品葡萄酒，所举办的各种主题之夜是Bar的又一大特色。

PART 3 马尔代夫特色岛屿推荐

01 最梦幻浪漫 Conrad Maldives Rangali Island

Vilu Restaurant: 观景点菜式餐厅

餐厅坐落于环礁湖旁。傍晚时，可以在此遥望沉静的海面，仰望天空飘过灰蓝色的云朵，聆听棕榈树叶不时发出的沙沙声。茅草屋顶下的餐厅灯火通明，这里汇集了欧亚风格的精致菜品，只管负责挑选自己喜爱的美食就行，餐厅的侍酒师和葡萄酒大师会为您挑选搭配菜品的葡萄酒。

Vilu Bar: 观景酒吧

在Vilu Restaurant旁，白色木制长椅上，淡蓝色的垫子和靠枕静置着，再配以玻璃小桌上放着的蜡烛灯，温馨浪漫。这里提供超过80种不同口味的马提尼鸡尾酒。

Koko Grill：露天日式铁板烧餐厅

餐厅位于海滩上，客人围坐在铁板烤台旁，再加上配备水池的操作台，就构成了这个简洁大方的铁板烧餐厅。都是现做现吃，热热闹闹享受美味与欢乐。

Atoll Market: 美食天地

8个展示厨房为客人奉上日式、印式、意式风格的菜品，还有铁板烧、新鲜的沙拉和当天出炉的面包。踩着细软的沙滩，望着环礁湖的美景，真觉得眼睛不够用了！

Rangali Bar: 休闲酒吧

紧临Atoll Market，有着一样的沙滩地板。白天这里是休闲的场所，喝口鸡尾酒，嚼点小吃，侃上几句，惬意不已！夜幕降临，这里又变成了欢快的娱乐根据地，定期有现场乐队表演。

Mandhoo Spa Restaurant: 养生SPA餐厅

建于水上，在此可以欣赏到海天一色的迷人景色。这里还提供营养均衡的美食，吃得相当环保！品着有机原料制作的菜品，再饮一杯有机葡萄酒或啤酒，如果不喝酒，那就来一杯鲜榨果汁吧。

Sunset Grill: 水上海鲜铁板烧餐厅

搭建于珊瑚群之上，坐在餐厅的天台就餐，随意一瞥都能看见成群的热带鱼游来舞去。这家点餐式餐厅专门供应海鲜铁板烧，配以特色葡萄酒，足以感觉尝到了世界上最鲜美的滋味。

★ 经典推荐

Ithaa Undersea Restaurant

通过木制的走道，就来到了这座耗资近500万美元的世界首家海底餐厅。Ithaa位于海平线以下5米的地方，在这个180度视角、全玻璃打造的餐厅用餐时，会有怎样的感觉呢，或激动？或惊叹？抑或感动？在享用美食和美酒的时候，游弋在海底的热带鱼群无时无刻不伴随左右。艳丽的珊瑚也是一道亮丽的风景线，缤纷的小鱼穿梭其中嬉戏撒欢。当骄阳洒向海面，投射入海水中，由于深浅度不同造成了明暗反差，拱形餐厅顶部上方的鱼儿散发出耀眼的光芒，好似天空中闪烁的星星一般，而两侧的海水依旧是宁静的深蓝色，鱼儿悠然自得地漂着、游着，似乎只要一伸手，就能抚摸到它们一样。时常还会由于"大家伙"的造访而惊呼，鲼就是其中的一种，拖着鞭子似的长尾巴，菱形扁平的身体擦着玻璃壁逛来逛去，似乎完全没有要离开的意思。这里提供马尔代夫特色与西餐结合的混搭菜品，配上一杯香槟，滋味无穷。无论在这里就餐时心情是怎样的，能肯定的是，这都将是一生中难以忘怀的经典时刻。

★ 省钱套餐

Half Board:

包括早餐和晚餐，另外在其他餐厅用餐也有优惠（详见下文"精彩饕餮活动"）。费用是成人95美元/天，2-11岁儿童47.5美元/天。

❗ 提示 | TIPS

- 选择Half Board，用餐仅限Atoll Market restaurant，并且不包含酒水饮料。
- 选择Red&Breakfast，用餐仅限Atoll Market Restaurant或Vilu Restaurant。
- 住在Retreat Water Villa可在Mandhoo Restaurant享用早餐。
- 住在Beach Villa、Retreat Water villa和Deluxe Beach Villa的客人，每天下午5~6点可以在Relaxation Lounge享用免费下午茶。
- 住在Spa Water Villa的客人，可在Mandhoo Restaurant享用早餐，每天有三种鲜榨果汁供选择，并且每天赠送水果篮。
- 住在Water Villa、Superior Water Villa、Deluxe Water Villa、Premier Water Villa、Sunset Water Villa的客人，每天下午5~6点可以在Vilu Bar免费享用鸡尾酒。

★ 精彩饕餮活动

活动内容	活动时间	活动地点	餐费
马尔代夫之夜	周一	Atoll Market	95美元
Koko露天日式铁板烧	周日~周五	The Quiet Zone	250美元，180美元（素食）
龙虾香槟晚餐	周六	The Quiet Zone	250美元
Vilu Restaurant品鉴会	每天	Vilu Restaurant	195美元
葡萄酒窖晚餐	周三~周五	The Wine Cellar	280美元
奶酪火锅	周二~周六	Cheese & Wine Bar	75美元
奶酪Tapas	周一~周四	Cheese & Wine Bar	125美元
海滩BBQ	周三	Deluxe Water Villa海滩	225美元
主题：私人晚餐			

活动内容	活动时间	活动地点	餐费
烛光晚餐	每天	Water Villa海滩上，有3个不同的地点可供选择	350美元
素食烛光晚餐	需预订	Water Villa海滩上，有3个不同的地点可供选择	190美元
沉船晚餐	每天	Water Villa的岛屿海滩，有3个不同的地点可供选择	350美元
素食沉船晚餐	需预订	Water Villa的岛屿海滩，有3个不同的地点可供选择	190美元
Ithaa海底餐厅			

活动内容	餐费
每日鸡尾酒	55美元
每日午餐	195美元
每日晚餐	320美元
预订素食晚餐	250美元

注 1.以上费用还需加上10%的服务费和8%的旅游税；2.选择HB的客人只能在Atoll Market Restaurant用餐；3.选择HB的客人，每人每天可在除Atoll Market Restaurant以外的餐厅，使用1次93美元的代金券（仅限食物）。

● 新婚有礼 WEDDING GIFT

条件：以结婚证上的登记时间为基准，往后1年内均有效，最少住4夜

 特别礼物

- 当到达度假村时，会送上水果篮和1瓶香槟。
- 赠送100美元的代金券，可用于航海旅行。在Mandhoo Restaurant享用含三道菜的浪漫烛光晚餐（酒水除外）。

海滩婚礼

白色沙滩婚礼

在Rangali绵软的白色海滩上，有绿植搭建的通道和花门。极致的海景清新自然，就在这里举办传统的马尔代夫式婚礼。

费用： 2 200美元

内容包含： 新娘和新郎可分别选择30分钟SPA疗程，包括身体局部按摩或美容、吊床、三层婚礼蛋糕（只有顶层能吃）、1瓶冰镇汽酒、带框的彩色证书、婚礼主持人、圣坛装饰。CD和祝贺卡、存有约60张照片的CD盘、20分钟婚礼实录的DVD、两人浪漫的Dhoni夕阳之旅、开胃菜和1瓶汽酒、蜜月床品装饰。第二天别墅内享用香槟早餐、棉制纱笼（给新娘穿的一种棉布裙子）、两件浴衣、蜜月Bvlgari浴室用品以及Vilu Restaurant旁海滩上的私人晚餐，包括1杯香槟和4道菜，另外还会送上个性化的婚礼菜单，给新娘一件礼物——月光石。

小教堂婚礼

站在海滩上的小教堂，遥望雪白的沙滩、绿宝石色的大海和远方飘着片片云朵的碧空。宣誓后，周围的人向新婚夫妇撒去祝福的米粒，随后新娘新郎踏上Dhoni的浪漫之旅。

费用： 2 200美元

海底婚礼

如果想举办一场与众不同的婚礼，那Ithaa Undersea Restaurant会让您美梦成真。在摇曳的珊瑚点缀下，海底世界怀抱中的玻璃殿堂外，摇曳着的珊瑚斑斓像是在为新人欢呼，殿堂内许下最神圣的誓言，殿堂外成百上千的热带鱼儿们见证着这人生中最经典的瞬间之一。

费用： 2 850美元

内容包含： 新娘和新郎可分别选择60分钟SPA疗程，包括身体按摩或美容、吊床、三层婚礼蛋糕（只有顶层能吃）、1瓶冰镇汽酒、带框的彩色证书、婚礼主持人、圣坛和海底餐厅的装饰、CD音乐、存有约60张照片的CD盘、20分钟婚礼实录的DVD、两人浪漫的Dhoni夕阳之旅、开胃菜和1瓶汽酒、丝制纱笼、两件浴衣、蜜月Bvlgari浴室用品，以及在Sunset Grill享用晚餐，包括1杯香槟和4道菜，其中含龙虾为原料的菜品，另外还会送上个性化的婚礼菜单，给新娘月光石礼物。

婚礼额外收费项目

化妆、做新娘发型、SPA
时长：45、75分钟，费用：65～340美元

新娘鲜花花束、撒花瓣、种植纪念树、传统歌舞Bodu Beru助兴、1瓶香槟
费用：60～90美元

加拍照、延摄影时长、洗照片、编辑影像
雇请摄影师或编辑费：300美元/小时
其他费用：30～100美元

⚠ 婚礼费用需加上10%的服务费和8%的旅游税。

提示 | TIPS

有关月亮石的美丽传说

月亮深爱着太阳，几乎没有哪颗星不知道，成千上万的星星们同样也爱着太阳，但太阳根本不理睬他们，于是星星们飘到地球，变成了心愿。土星向太阳递上代表他浓浓爱意的戒指，未果，于是漫无目的在太空中游荡，写下了首首情诗。地球也爱上了太阳，但却无法触摸到她，最终也不得不放弃了。时光飞逝，却无法带走月亮对太阳的爱，但月亮却永远都无法遇到太阳，无奈的他哭了，而他的眼泪则化作了月亮石。因此，把月亮石视为送给爱人最珍贵的礼物，象征着忠贞不渝的爱情。

游乐项目 LEISURE

★SPA享受似神仙

●奢华Over-Water Spa

按摩室全部为玻璃地板，在享受SPA的同时，还能欣赏到海底嬉戏的热带鱼儿。

SPA结束后，可以走到水上露台，坐在按摩浴池中，尽享阳光、海风和无敌海景。这里提供根据古印度脉轮（Chakra）研发的护理疗程，每个疗程的开始，都是先使用精选的水果、花卉、混合精油和喜马拉雅盐做足疗，然后用特制的草药茶来使客人身心得到放松，最后跟着治疗师调整呼吸的方式，正式进入SPA疗程。红、橙、黄、绿、蓝、青、紫代表人体能量系统的7个脉轮，同时也是7个各有针对性的疗程名称，一般可包含各种排毒清洁皮肤、各式按摩、各种全身包裹滋养疗程或身体面膜。根据个人喜好和治疗师的建议，选出适合自己的疗程吧！

7色脉轮疗程

时长2小时，除了青色和紫色的4手按摩疗程价格都是680美元/双人，其他颜色疗程价格均为500美元/双人

爱的艺术：时长3小时，620美元/双人（包括全身去角质、头皮按摩、滋润浴、全身包裹）

滋养疗程：时长1.5小时，400美元/双人（包括全身去角质和全身按摩）

7彩精油自选按摩

4手按摩：时长1小时，450美元/双人

一般按摩：时长1小时，250美元/双人，时长1.5小时，350美元/双人

免费游乐项目

海边：冲浪、水上自行车、帆船、脚踏车船、独木舟；

健身房：双人拉伸、沙滩疾走、环岛慢跑、烛光冥想、心肺耐力训练等。

●较为实惠的Spa Retreat

位于Rangalifinolhu岛，建于环礁湖之上，好似度假村中的度假村，与Spa Water Villa相连的9个疗养室、4个私人SPA亭，配备齐全，蒸汽、桑拿房、按摩浴池，周围的设施有头发SPA会所、商店、草药房、Relaxation Lounge、养生餐厅和两层楼的健身房。可以说这里汇集了各式疗法、健康美食和养生运动课程。

1天放松计划：包括热疗、身体素质评估、健身运动、按摩、美容等，费用为495美元

3天排毒计划：包括热疗、肌肉放松按摩、甜梅和辣椒疗法等，费用为930美元

7天全身疗养计划：私教健身训练、全身按摩、头发护理、美容等，费用为1 695美元

私人热疗：包括清洁爽肤、润肤、清体、花奶浴、花草浴等功效种类。一般有标准型和顶级型两种价格可供选择。

标准型：时长45分钟，80美元/双人，65美元/人

顶级型：时长45分钟，100美元/双人，85美元/人

有机美容：时长75分钟，135美元

蔬果体膜护理：时长45～90分钟，85～150美元

各种按摩：时长60～90分钟，110～145美元

手足护理：时长30～75分钟，35～95美元

纯天然化妆和美发：80～250美元

● 健身中心

公共课20美元/堂，若想请私教的话，80美元/堂/人，120美元/堂/双人
内容包括瑜伽、健身球、普拉提、心肺耐力循环训练等

★ 动感水上运动

● 浮潜、航行和岛屿游

每天不同时间都会安排不同的浮潜、航行和岛屿游，因此要根据度假村提供的航程时间表来设计出行计划，以下详细介绍几种热门的水上运动项目：

Safari浮潜
时间：周一9:00~12:00，周四9:00~12:00，周五14:30~17:30，周六9:00~12:00
费用：70美元/人

与鲸鲨浮潜
时间：周五9:00~12:00
费用：200美元/人

观赏海豚之旅
时间：周一18:00~19:30，周四18:00~19:30
费用：90美元/人

夕阳海钓
时间：周一、三和六18:30~20:30
费用：50美元/人

周游列岛
时间：周一10:00~15:00，周四10:00~15:00
费用：150美元/人

奢华游艇观赏海豚之旅
时间：周三和周日18:00~19:30
费用：120美元/人

梦幻岛之旅
时间：除周五以外的其他时间
费用：450美元/双人

无人岛野餐
费用：100美元/人

PART 3 马尔代夫特色岛屿推荐

01 最梦幻浪漫 Conrad Maldives Rangali Island

● 海上运动套餐

花式滑水套餐
时长1小时，275美元（最多4人参与）

花式滑水+水上充气游艺套餐
时长1小时，275美元（最多4人参与）

趣味水上充气艇套餐
时长1小时，250美元（最多6人参与）

海上急速摩托套餐
时长1小时，300美元/双人，400美元/4人

趣味快艇套餐
时长45~120分钟，250~500美元/艘

● 海上运动课程

双体帆船和冲浪
时长1~10小时，50~500美元/人

船长带领的双体帆船航海（最少2人）
时长1~2小时，90~100美元/人

花式滑水　时长10~15分钟，60~70美元/人

水上飞车　时长1小时，85美元/人

● 基础潜水课程

包含所有配备
时长从1小时到6堂课不等，费用100~600美元

只包含水肺（自携式水下呼吸装置）
时长从半天到4周不等，费用150~600美元

潜水　　44~69美元/人

特色潜水课程　需潜水两次，费用266~346美元

潜水课程超值套餐
根据套餐课程内容的多少，费用从500~1 000美元不等

注　所有潜水运动的费用需加上10%服务费和8%旅游税

★ 其他水上项目

趣味水上充气艇
时长10分钟，费用35美元/人

海上急速摩托
时长20分钟，费用105美元/架（最多2人参与）

玻璃底船固定航程
私人旅程：时长1小时，150美元/双人，220美元/4人，330美元/6人
平日常规旅程：时长1小时，50美元/人（至少2人参与）

租船潜水费用
出海1~10次，13美元/次；出海11次以上，12美元/次

海底摩托
时长30~60分钟，费用65~150美元/辆

● 虚拟预算 BEST OFFER

★ 以双人7夜为例

水上飞机接送
费用约为：1 015美元

选择提前预约房价优惠15%活动
在5.12~9.30期间入住Beach Villa
费用约为：4 500美元
用餐选择Half Board计划
费用约为：1 569美元

Safari浮潜3次
费用约为：496美元

共计约为：7 580美元

P.S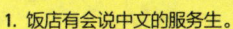

1. 饭店有会说中文的服务生。
2. 住在恍如热带雨林中的客房，防蚊工作是重中之重，防蚊喷雾、电热驱蚊香和风油精可要备足哇！
3. 以上所显示的房价均为税前价格，实际价格要加上10%的服务费和每夜8美元的床铺费及8%的旅游税。
4. 餐厅费用、SPA、健身中心和水上运动，都要加10%的服务费及8%的旅游税。
5. 住在Deluxe Water Villa, Premier Water Villa 和Sunset Water Villa的客人可享受私人管家服务。
6. 每年12月24日~次年1月15日，需至少在度假村住7夜。
7. 除了Spa Water Villa的客人需至少住4夜，住在其他别墅的客人需至少住5夜。
8. 以上所指饭店赠送的代金券并非指纸质券，而是在到达度假村前与工作人员核对即可享受优惠，均不设找赎。
9. 由于座位有限，想在Ithaa Undersea Restaurant, Koko Grill和the Wine Cellar用餐的话，一定要提前2周预订啊！
10. 度假村免费提供1.5L瓶装水/天。
11. 参考活动时间表的同时，最好能在前台预约，以免因活动临时取消而白跑。
12. 优惠活动会随淡旺季有所变动，具体请查询度假村的官方网站。

PART 3 马尔代夫特色岛屿推荐

01 最梦幻浪漫 Conrad Maldives Rangali Island

官方网址：http://conradhotels1.hilton.com/
咨询及预订方式：+960 668 0629　+960 668 0619（传真）
maldivesinfo@conradhotels.com

02 >> 最奢华的世外桃源
▶▶▶ Beach House Iruveli

🏃 45分钟

私人管家随时待命，每栋别墅和套房都配有造型各异的私人泳池。

风格不一的室外用餐区，能令人处处感受到悠然自得的闲趣。私人管家随时待命。透过Ocean Villa和Water Villa的玻璃地板，可看到鱼儿从脚下游过。83间设计精巧、格调大气的套房和别墅掩映于繁茂的热带植被中，令人恍如置身在热带森林中。孩子们在Turtle Club里玩得爽、学得欢。畅游在亚马孙运河泳池中，仿佛穿梭于热带雨林一般。

抵达与离开 ARRIVAL & DEPARTURE

在马累国际机场登陆后,选择乘坐水上飞机的话可能需要在此等候至少4个小时。这时,可以在度假村专设的水上飞机休息厅享受免费肩部按摩、无限宽带上网,休息厅会适时供应早餐和晚餐,且全天供应软饮、果汁、各式餐点。这里设有儿童游艺厅、淋浴间和更衣室,另外,还配备电脑供客人使用。随后乘坐水上飞机,约75分钟后到达度假村。选择乘坐快艇或豪华游艇的客人乘境内飞机50分钟后抵达Hanimadhoo机场,在休息厅稍事休息后,再乘船约45分钟后到达传说中的世外桃源。

快艇 | 往返价格:成人450美元,儿童(2~11岁)225美元
豪华游艇 | 往返价格:成人650美元,儿童(2~11岁)325美元
附:豪华游艇上有侍者全程陪同,提供香槟、鲜榨果汁、水果拼盘、软饮和开胃菜
水上飞机 | 往返价格:成人740美元,儿童(2~11岁)370美元
附:水上飞机休息厅每天7:00~17:00供客人免费使用,17:00~23:00需付费方可使用(成人80美元,儿童40美元)

舒适入住 ACCOMMODATION

实惠客房:Water Villa
　　这是最普通的客房,价格在700~2 050美元

奢华客房:Grand Beach Pavilion
　　这是最昂贵的客房,价格在4 500~11 000美元

中档客房(顺序依照价格由低到高)
　　Beach Villa、Ocean Villa、Beach Suite、Grand Water Pavilion

淡季客房: 800~3 500美元　　**旺季客房:** 2 500~8 900美元
黄金期: 12月24日~次年1月15日,房价最高　　**悠闲期:** 5月中~7月底,房价最低

● 吃吃喝喝 RESTAURANTS & BARS

★ 省钱套餐

酒店推出两个方便实惠的用餐计划：Half Board & Full Board
Half Board： 100美元/天/人，包含早餐、晚餐（儿童50美元）
Full Board： 140美元/天/人，包含三餐（儿童70美元）

⚠️ **提示 | TIPS：** 享用早、午餐仅限在Four Corners，以上费用不含饮料，还需加上10%的服务费及8%的旅游税。另外，节假日晚餐不用此标准收费。

● 新婚有礼 WEDDING GIFT

 **特别礼物**

- 当抵达时，度假村会送上水果篮和1瓶香槟
- 一次双人半天航海旅程，可供选择的项目有浮潜体验、探秘Utheemu Palace、海豚之旅、夜钓、落日荒岛之旅、马尔代夫传统海钓、夕阳游艇之旅、无人岛闲趣之旅
- 每天送200美元SPA代金券
- 在离开度假村的最后一夜，赠送浪漫的婚床布置、香槟和巧克力

提示：以结婚证的登记时间为基准，往后一年内均有效，最少住4夜

免费娱乐项目 无须燃烧汽油的水上运动；
每周二和周五上午10:00~11:30浮潜

如何去
官方网址：http://www.beachhousecollection.com/
咨询及预订方式：+960 3321 943
在线预订：http://www.beachhousecollection.com/

PART 3 马尔代夫特色岛屿推荐

02 最奢华的世外桃源 Beach House Iruveli

03 » 适合年轻人的热辣岛
▶▶▶ **W Retreat & Spa-Maldives**

🏃 20分钟

拒绝13岁以下儿童入住；全天候酒吧；所有客房里都配有**私人泳池**；水上屋有玻璃地板，洗澡时也能享受**无敌海景**；可以包小岛感受**星空烛光晚宴**。

● 背景大搜索 BACKGROUND

W酒店是喜达屋酒店及度假酒店国际集团(STARWOOD HOTELS & RESORTS WORLDWIDE, INC.)的成员。该集团旗下酒店品牌包括喜来登、福朋喜来登集团酒店、瑞吉酒店、豪华精选、艾美酒店以及威斯汀。

● 抵达与离开 ARRIVAL & DEPARTURE

长途跋涉到了马累国际机场，估计最想做的是伸直腿，坐在舒适的沙发上，如果再能来杯饮料，那就太完美了！W LOUNGE满足你一切的要求。听着小曲，喝着饮料，嘴里吃着热带水果，盘子里摆放着各式的小零食，还没上岛，就已经感到十分惬意！

水上飞机
时长30分钟，往返价格400美元（已含税）

● 一眼望穿度假村 A BRIEF INTRODUCTION OF THE RESORT

W度假村（W RETREAT & SPA）位于Fesdu岛，拥有4种级别的客房。所有客房里都配有私人泳池，可尽享VIP的私密乐趣。如果觉得全套视听设备、浴盆和淋浴间、免费上网这些各级别客房都享有的基础设施没什么特别之处，那"绿色通道"这一充满人性化的设计，定会让路痴们欣喜不已。有了这条通道，就能以最快的速度到达海滩或环礁湖。FIRE是这里的特色露天烧烤餐厅，价位适中，但无论从情调或气氛上都丝毫不逊色。

PART 3 马尔代夫特色岛屿推荐

03 适合年轻人的热辣岛 W Retreat & Spa-Maldires

舒适入住 ACCOMMODATION

实惠型客房：BEACH OASIS（绿洲别墅）
亮点：在热带雨林怀抱中，有着占地面积188平方米的双层茅草屋，二层是观景台，可眺望海滩。
这是最普通的客房，价格在960~2 580美元

不同凡响价客房：
OCEAN HAVEN（顶级泳池水上别墅）
亮点：玻璃地板，落地窗门，室外偌大的甲板上容纳了泳池、圆形观景台、坐椅和圆形沙发。
这是最昂贵的客房，价格在6 000~15 600美元

黄金期： 12月21日~次年1月10日，房价最高　　**悠闲期：** 5月1日~7月31日，房价最低

★ 经典推荐

OCEAN OASIS
有玻璃地板的水上屋，白天和夜晚同样精彩

住在建于环礁湖海域上的Ocean Oasis Lagoon view会是怎样一番感受呢？当清晨第一缕阳光射进房间，伸个懒腰，一猛子扎进私人泳池清醒一下；早餐后，或四仰八叉地躺在环形床上接受太阳的洗礼，抑或跑下楼梯潜入环礁湖中与鱼儿嬉戏。玩累了，回屋坐在起居室的玻璃地板旁，静静的观赏畅游于海底的生物。到了夜晚，打开水下灯，真正体验一把夜晚探秘海底世界的乐趣。当然，除了这里，淋浴间的地板也是玻璃制造，想想冲凉时，水花四溅，而脚下正游走着成群的热带鱼，多么妙趣横生的景象啊！

★ 省钱套餐

活动时间：1月10日~12月25日
优惠：住7夜付6夜房费，住14夜付10夜房费，住21夜付14夜房费

每年不同季度，度假村都会推出类似的优惠活动，在计划出行前不妨向度假村客房预订部（reservations.wmaldives@whotels.com）索取相关信息
注 免费夜仅限床铺费和早餐，需支付8美元铺床费

吃吃喝喝 RESTAURANTS & BARS

★ 饕餮胜地搜索

15 Below 热舞酒吧
酷爱蹦迪的人,这里的DJ会让您HIGH上天。

SIP 水上落日海景酒吧
希望享受日落美景的浪漫派,建在水上的SIP为您提供最佳场所。听着悠扬的音乐,呷一口鸡尾酒,品一口海鲜,多滋润啊!

WET 泳池酒吧
泳池旁的WET,随时补给饮料和小吃。

KITCHEN 自助餐厅
全天候供应各种美食。

FISH 海鲜餐厅
无论是当天出海捕获的海鲜,还是来自全世界各地的进口海鲜,都可以在这里品尝到。吹着海风,享受海鲜的同时也将夜晚的海景一收眼底。

FIRE 露天烧烤餐厅
5种烤肉方式任选择。

★ 经典推荐

赤足踩在细软的沙滩上,头顶上是闪烁着繁星的夜空,棕榈树下摆放着桌椅,一大束火把在台中央熊熊燃烧,周围还零星散落着许多小火把,一眼望去,会误以为是掉落在地上的星星!伴着印度洋上吹来的微风,啊!一股原始野性的味道。感觉完味道就该轮到品尝味道了!5种烤肉方式任选,同时更可自由搭配自己喜欢的食材,烹出独属于自己的烤肉杂烩。

★ 省钱套餐

两个方便实惠的用餐计划
Half Board & Full Board

Half Board:
包含早餐和晚餐,110美元/天,用晚餐仅限在KITCHEN或FIRE里。

Full Board:
包含早、中、晚三餐,160美元/天,用晚餐仅限在KITCHEN或FIRE里。

附: 以上餐费还需加上10%的服务费和8%的旅游税,预订两种套餐均可在FISH用餐时享有20%的折扣。

PART 3 马尔代夫特色岛屿推荐

03 适合年轻人的热辣岛 W Retreat & Spa-Maldives

新婚有礼 WEDDING GIFT

特别礼物　度蜜月的新婚夫妇住7夜以上，赠送巧克力、4道菜的私人晚餐和一瓶香槟；
度蜜月的新婚夫妇住4夜以上，赠送巧克力和一瓶香槟。

租小岛，过两人世界　乘坐快艇5分钟到达W度假村专属的小岛Gaathaafushi，在那里享用私人烛光晚餐，创造只属于两人世界的完美回忆。需支付800美元的布置费。

私人游艇Escape星光晚餐　仰望星空，伴着海涛奏鸣曲，惬意至极！3小时的烛光晚餐必将成为新婚二人永恒的甜蜜记忆。需支付800美元的布置费。

别墅烛光晚餐　在只属于两人的领地，创造只属于两人的浪漫时光。需支付150美元的布置费。

珊瑚礁烛光晚餐　建在浅滩上的coral terrace是由珊瑚及大石堆积而成的平台。通往平台的是个斜坡的沙滩通道，周围点缀着星星之火，奇幻而又私密。需支付250美元的布置费。

> **提示 | TIPS**
> 以上四种个性化烛光晚餐的餐费为三道菜155美元起，四道菜185美元起，五道菜235美元起，再加上10%的服务费和8%的旅游税。

游乐项目 LEISURE

★SPA享受似神仙

各式SPA： 290~700美元，时长110~300分钟
各式按摩： 80~250美元，时长25~80分钟
各式排毒疗法： 155~240美元，时长50~80分钟
各式美容项目： 95~240美元，时长25~80分钟
头发护理： 100美元，时长50分钟
手足护理： 90~140美元，时长45~75分钟
冻蜡褪毛处理： 35~80美元，时长20~60分钟

★动感水上运动

● 海上运动

驾着双体船去海上探险；以船牵引的滑翔伞可鸟瞰美景；超级马力的快艇能尽享急速驾驶的乐趣；在超豪华游艇上欣赏日落美景；坐在船长掌舵的马尔代夫传统帆船Dhoni上，与爱人一同踏上浪漫的航程；驾着大船捕鱼或是坐船去钓鱼，各有情趣。除此以外，当然少不了经典的浮潜和冲浪。

> **免费游乐项目**
> 玻璃船底的独木舟、小划子，以及冲浪和浮潜所需的配备品是免费取用的。

●热门运动

大船捕鱼：每船最多可容纳4人，由于时长与出海时间不同，租金在850~1 300美元/船
坐船钓鱼：由于出海人数和出海时间不同，租金在70~650美元
驾快艇浮潜：90美元
潜水：55~65美元/人（租船潜水20美元/次，租配备8~400美元）
学习冲浪：私教95美元/课，一次预订3课以上80美元/课

●潜水课程

潜水初级课程：170~750美元
潜水高级课程：250~1 200美元

※学费为500美元和750美元的潜水初级课程，其费用包含所有潜水配备和证书，所有课程至少需2个学员参与，以上有关潜水的费用均不包含租船费，另外所有付费运动的费用需再加10%的服务费和8%的旅游税

●虚拟预算 BEST OFFER

★以双人7夜为例

水上飞机接送：800美元
选择7夜优惠活动：6 909美元
（5月1日~7月31日期间入住BEACH OASIS）
用餐选择Half Board计划：1 817美元
驾快艇浮潜3次：637美元

共计约为：10 163美元

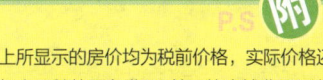

1. 以上所显示的房价均为税前价格，实际价格还要加上10%的服务费和8美元的床铺费及8%的旅游税。
2. 房费含早餐，吃早餐仅限餐厅。
3. 12月31日住度假村需额外支付325美元，外加10%的服务费和8%的旅游税。
4. 饭店谢绝13岁以下儿童入住。
5. Beach Oasis和Ocean Oasis最多可容纳3人居住，免费早餐仅限2人；Seascape Escape 和Ocean Haven最多可容纳6人居住，免费早餐仅限4人。
6. 所有水上运动费用，加收10%的服务费和8%的旅游税。绝大部分航海活动需至少4人成行。

中文官方网址：
www.starwoodhotels.com/whotels/
咨询及预订方式：
+960 666 2222 +960 666 2200（传真）
wmaldives.welcome@whotels.com
中文在线预订：
http://www.starwoodhotels.com/whotels/search/index.html
中文电话： 8008 688 688（座机免费拨打热线）
　　　　　　4008 688 688（手机免费拨打热线）

04 » 奢华名岛,十大美岛之首 20分钟

▷▷▷ Huvafen Fushi

　　这里拥有世界第一家海底SPA会所LIME SPA。发挥一下想象力,在此享受漂浮水疗时,眼前、脑中将会浮现怎样一幅场景吧!

　　想欢畅淋漓？可以！想共浴爱河？没问题！ Beach Bungalow私人庭院中,巨大的**按摩浴池**和**花洒淋浴**,足以让您"为所欲为"。依靠在水上别墅的无边线泳池内,一时猜不透,游到尽头是天空呢还是海洋?

抵达与离开 ARRIVAL & DEPARTURE

快艇： 时长30分钟，往返价格成人200美元、儿童100美元　**水上飞机：** 时长15分钟　另加收10%的服务费和8%的旅游税

舒适入住 ACCOMMODATION

实惠客房： Beach Bungalow with Plunge Pool
这是最普通的客房，价格在950~1 850美元
奢华客房： Beach Pavilion with Private Pool
这是最昂贵的客房，价格在4 650~9 550美元
中档客房（顺序依照价格由低到高）：Lagoon Bungalow with Plunge Pool、Deluxe Beach Bungalow with Plunge Pool、Ocean Bungalow with Plunge Pool、CUBE、Ocean Pavilion with Private Pool
淡季客房： 1 350~4 200美元　**旺季客房：** 2 550~8 700美元
黄金期： 12月24日~次年1月11日，房价最高　**悠闲期：** 4月16日~7月31日，9月1日~9月30日，房价最低

游乐项目 LEISURE

★ LIME SPA：水下SPA
排名世界前十

　　180分钟的经典水晶疗法（使用本地特制纯椰子精油，配合由椰子为原料制成的用具），大概500美元。

各式按摩： 60~90分钟，130~190美元
各式疗法： 150~180分钟，395~465美元

官方网址：huvafenfushi.peraquum.com/
咨询及预订方式：+960 664 4222　+960 664 6202（传真）
info@huvafenfushi.com；reservations@huvafenfushi.com

05 » 海中的世外桃源
▶▶▶ **Angsana Velavaru**
（维拉瓦鲁悦椿度假村）

🏃 20分钟

2009年建立的远离本岛的奢华水上别墅群。
夜晚，躺在凌空的水上大吊床里，似乎伸手就能摘下天空里的星星。

背景大搜索 BACKGROUND

悦椿度假村建立于2000年,是悦榕庄的姊妹品牌,专为现代感十足及充满活力的年轻族群而设计的生活品牌。

79栋独立的别墅都拥有面海的前廊,让人尽享印度洋海岸的秀美景色。每栋别墅都拥有独立的花园、室内和户外的淋浴设施、按摩池或泳池。2009年7月新建成海中阁水上别墅区,距离本岛1公里,配有私人走道、配备最少21平方米的无边泳池、凌空水上吊床。

抵达与离开 ARRIVAL & DEPARTURE

水上飞机: 时长45分钟,往返价格412美元/人

● 舒适入住　ACCOMMODATION

最实惠客房： Beachfront Villa（海景别墅）
客房价格：约430美元/夜

最奢华客房： Sanctuary Villa（心静轩别墅）
客房价格：约1 880美元/夜

中档客房（顺序依照价格由低到高）：
Beachfront Jet Pool Villa、Deluxe Beachfront Pool Villa、Velavaru Villa、Angsana Villa、InOcean Villa、Premier InOcean Villa

　　海景别墅的卧室有开阔的面海露台；豪华海景泳池别墅有私人泳池、私人庭院及秋千；阿格桑娜别墅占地面积473平方米，是四种别墅的联合体。

● 新婚有礼　WEDDING GIFT

海底婚礼套餐
　　配有摄影师的水下婚礼结婚仪式；双人潜水之旅，包括乘船游览与设备租赁；1次日落巡航之旅，提供葡萄酒及小食；1小时配有私人向导的双体船航行之旅；1次私人海滩烧烤晚宴照片光盘，结婚证书；1次微拉瓦鲁悦椿SPA情侣护理；微拉瓦鲁悦椿阁纪念品。

> **提示 | TIPS：** 以上费用需外加10%的服务费和8%的旅游税，夫妻二人均需持有潜水执照

游乐项目 LEISURE

各种海钓活动、岛屿游、航海之旅、珊瑚礁觅鱼浮潜、制作特色鸡尾酒课程

时长：0.5~2.5小时
费用：12~80美元/人

P.S 附

1. 每年12月20日~1月15日期间入住，需至少住7天，房费包含一日三餐。除此期间外，房费包含早餐和晚餐。
2. 从安全性考虑，12岁以下儿童不适合入住海中阁。

PART 3 马尔代夫特色岛屿推荐

05 海中的世外桃源 Angsana Velavaru（维拉瓦鲁悦椿度假村）

如何去？

官方网址：http://www.angsana.com/
咨询及预订方式：+960 676 0028　　+960 676 0029（传真）
velavaru@angsana.com
+86 10 8515 1828（中国北京热线）　　+86 21 6335 2929（中国上海热线）
sales-beijing@banyantree.com、reservations-velavaru@angsana.com（中国北京电子邮箱）

06 >>> 碧海上的人鱼城堡
▶▶▶ KANUHURA

50分钟

体验世界一流酒店的豪华，隐身私密的遁世之所

　　Kanuhura酒店是马尔代夫本土原生的一家**五星级酒店**，跻身于"The Leading Hotel of the World(世界一流酒店)"之列。酒店位于马尔代夫东北部的Lhaviyani环礁上，是一个狭长的椭圆形岛屿，长1公里，宽200米。在僻静的大海深处，绝对是一个私密的遁世之所，附近还有多个**世界顶级潜水区**。

● 抵达与离开 ARRIVAL & DEPARTURE

水上飞机
时长：约40分钟
价格：成人400美元，儿童200美元

● 一眼望穿度假村 A BRIEF INTRODUCTION OF THE RESORT

设施：
　　全岛仅100个别墅房型（包括海上别墅以及沙滩别墅），私密性极佳
　　各种房型均享受24小时贴心私人管家服务
　　建有马尔代夫文化中心，可在此更深入地了解马尔代夫文化与艺术
　　拥有一个精致的热带植物园林供游览
　　设有儿童及青少年俱乐部，让每个人都可以舒享闲适假期

活动：
　　时常会举办特别惊喜活动，如鸡尾酒会等

　　除主岛以外，还拥有浪漫的私人岛屿Jehunuhura，在此可享受烛光晚宴（还可以看小兔子）

服务：
　　马累机场配有住店宾客私人lounge，供应免费小餐以及饮料，并为宾客办理提前入住手续
　　岛上的水上飞机栈桥设有宾客休息室，在此岛屿员工会为宾客准备特调的欢迎饮料
　　有中文服务，沟通顺畅无语言障碍
　　每天都送免费矿泉水

PART 3 马尔代夫特色岛屿推荐

06 碧海上的人鱼城堡 KANUHURA

》49

● 舒适入住 ACCOMMODATION

　　酒店有5个类别的别墅，其中68栋沙滩别墅环绕海滩而建；5栋复式沙滩别墅特别适合家庭或者一同出游的朋友居住；2栋豪华沙滩别墅(188平方米)；18座水上别墅和2栋豪华水上别墅。

最实惠客房：沙滩别墅
价格600～1 430美元
最奢华客房：豪华水上别墅
价格1 150～2 700美元
中档客房：
价格900～2 100美元

旺季客房：1 430～2 700美元
淡季客房：600～1 150美元

最特别的客房：豪华水上别墅
　　别墅建在海面上，好像美人鱼的城堡，视野极为开阔。迎着太阳的方向有室外网床，可以凌空于海面晒太阳；别墅一侧是入水木梯，可以直接下海。还有室外淋浴，可在出海后迎着夕阳冲掉盐水。为了搭配这种浪漫氛围，房内每天提供红酒、小食以及水果。

★ 省钱套餐

蜜月套餐： 酒店为蜜月中的甜心们提供甜蜜套餐。

免费升级为半餐	提供免费无线网络	早入住，晚退房特权
水疗中心所有疗程均享受20%折扣		免费果篮
大瓶矿泉水	客房蜜月浪漫布置	免费双人浮潜

PART 3 马尔代夫特色岛屿推荐

06 碧海上的人鱼城堡 KANUHURA

官方网站： http://www.sunresortshotels.com
微博： weibo.com/sunresorts（太阳酒店集团）
咨询及预订方式： +230 402 0100　　+230 402 0111（传真）
中国办公室电话（上海）：021-63591535
中国办公室电话（北京）：010-85324163

» 51

07 >> 不租房间，租小岛

▶▶▶ **Banyan Tree Madivaru**
（马迪瓦鲁悦榕庄）

5分钟

可以租下整个小岛，享受整个世界。

● 背景大搜索 BACKGROUND

　　悦榕酒店度假村集团管理及拥有超过20间度假村及酒店，60多间SPA及60多间悦榕阁艺品店和2座高尔夫球场。悦榕庄在建筑及装潢摆设上融合当地的特殊风格，以反映当地的风土民情。

　　全岛共由6栋别墅构成，每栋别墅由三个独立帐篷组成，分别是客厅、睡房和浴室。室内的木头地板、藤木和柚木家具、手工木艺术品与室外郁郁葱葱的绿色植物，让人随时随地感觉正与大自然做着最亲密的接触。另外，您是否想到过可以用买一张头等舱机票的钱租下整个小岛？在这里，似乎只有你想象不到的，而没有达不到的。

● 抵达与离开 ARRIVAL & DEPARTURE

水上飞机

时长30分钟，往返价格，成人368美元/人，2-11岁儿童184美元/人

● 舒适入住 ACCOMMODATION

只有一种客房Tented Pool Villa，标价2 720美元/夜

PART 3 马尔代夫特色岛屿推荐

07 不租房间，租小岛 Banyan Tree Madivaru（马迪瓦鲁悦榕庄）

》53

租岛计划

费用：9 420美元/夜

活动时间：5月1日～9月30日

内容：6栋别墅住宿（最多可住18人）、每栋别墅配备1名私人管家、主厨料理一日三餐、预订的短途航海旅行、预订的海上运动

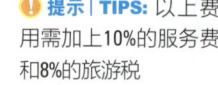

以上费用还需加上10%的服务费、8%的旅游税和8美元/夜的床铺税。每栋别墅通常住两人，若有第三人入住，需付成人212美元/夜，4~11岁儿童106美元/夜，此费用包含一日三餐。

新婚有礼 WEDDING GIFT

 沙洲婚礼套餐

费用：2 500美元起

内容：配有摄影师的私人沙滩婚礼仪式、结婚仪式提供婚礼蛋糕及香槟、1次沙洲浪漫晚宴、含30张照片的纪念相册、结婚证书、1次别墅内蜜月早餐、1次马迪瓦鲁悦榕SPA情侣护理、马迪瓦鲁悦榕阁纪念品

另外还有水下婚礼套餐（2 000美元起）可供选择

提示 | TIPS： 以上费用需加上10%的服务费和8%的旅游税

游乐项目 LEISURE

潜水：
根据出海时间，价格在162~172美元

潜水套餐：
根据潜水地点数目，价格在920~1 498美元

潜水课程
理论＋实践课：根据潜水种类，价格在172~204美元
航海潜水课：根据潜水地点数目和出海时长，价格在647~1 284美元

提示 | TIPS：以上费用需加上10%的服务费和8%的旅游税

PART 3 马尔代夫特色岛屿推荐

07 不租房间，租小岛 Banyan Tree Madivaru（马迪瓦鲁悦榕庄）

官方网址：http://www.banyantree.com/
咨询及预订方式：+960 666 0760
　　　　　　　　+960 666 0761（传真）
中国北京热线：+86 10 8515 1828
中国上海热线：+86 21 6335 2929
中国北京电子邮箱：sales-beijing@banyantree.com
电子邮箱：reservations-madivaru@banyantree.com

P.S 附
度假村不建议5岁以下儿童入住，并且未设有儿童生活、娱乐的设施。

08 » 最随心所欲
▶▶▶ **One&Only Reethi Rah**

120分钟

4套岛屿慢跑地图定制，岛屿专属兰花，集合世界**9 000种顶级红酒**。这里所有的一切均有私人定制服务。无论是光着脚丫或穿着泳装，都可以随意出入酒吧或餐厅。只要不违法，这里就是完全可以随心所欲的地方。

背景大搜索 BACKGROUND

One&Only Reethi Rah隶属于Kerzner International Limited,该集团以开发及运营大型休闲度假村、豪华酒店及赌场为主,在国际上享有盛誉。该公司的休闲度假村旗舰品牌Atlantis,在巴哈马和迪拜拥有超过2 000间客房的大型海洋主题度假胜地和水上主题度假村。此外,还管理着遍布全球的10家顶级奢华酒店品牌One&Only。

抵达与离开 ARRIVAL & DEPARTURE

游艇:
75分钟,单程190美元,4~11岁儿童95美元,4岁以下儿童免费

水上飞机:
时长不定(因为不知一同乘机的其他客人所要抵达的地点),260美元,4~11岁儿童130美元,4岁以下儿童免费

私人游艇:
75分钟,单程2 600美元(最多可乘坐12人)

私人水上飞机:
15分钟,单程2 750美元(最多可乘坐14人)

私人快艇:
45分钟,单程850美元(最多可乘坐8人)

TIPS | 另加收10%服务费及6%旅游税

一眼望穿度假村 A BRIEF INTRODUCTION OF THE RESORT

One&Only度假村位于Reethi Rah岛上,坐拥130幢最华丽、最宽敞的别墅。一般奢华度假村该有的元素它都具备,但仍在人眼里看上去与众不同。度假村精心绘制的慢跑地图,根据路程长短,为客人定制出4套慢跑路线方案,在慢跑之余,尽情领略村内美不胜收的景色。如果想省力气的话,骑上别墅都配备的自行车,来个深度环岛游也不错。

度假村里的温室中生长着超过7个品种的兰花,其中一款名为One&Only的兰花更是度假村聘请了来自伦敦和斯里兰卡的花艺师共同协作培育出来的,只有来到这里才看得到哇!KidsOnly是儿童乐园,包括泳池、室内娱乐设施和用餐区,是孩子们嬉戏撒欢的专门场所。度假村里12个海滩和40个泳池可充分调动人的运动神经,其中主泳池更是集美景和趣味于一身。它蜿蜒曲折,与周围的椰子树、灌木和花朵交相辉映,犹如园林中的河道,可见度假村在设计上没少下工夫。成人专属的30米长Lap泳池直入潟湖,泳池另一侧设有一个泡泡池,另外还有巨型瀑布按摩泳池,让人完全有一种到了皇宫的感觉。

舒适入住　ACCOMMODATION

实惠客房： Beach Villa（海滩别墅）
亮点：室外大型的露台设有休憩区
这是最普通的客房，价格在960～1 840美元

奢华客房： Grand Beach Villa 2-bedroom（尊贵海滩别墅－两间卧室）
亮点：可俯瞰海景的大型私人泳池、阔大的半敞开式平台、日光浴平台以及设于露台边缘的网状海上吊床
这是最昂贵的客房，双人价格在5 785～8 195美元

黄金期： 3月24日~4月14日，4月29日~5月11日，房价最高
悠闲期： 5月12日~7月6日，9月1日~9月14日房价最低

★ 经典推荐

Grand Water Villa with Pool
室内豪华空间感，室外完美享乐

别墅内的取材皆天然，由拱形竹板构成高耸透气的天花板，质朴又不失时尚气息。椰壳、海草装饰物，丝绸的布艺靠垫，简约风格的藤椅、柚木和红木家具，其简洁的线条，营造出雅致的氛围。宽敞浴室里的巨型抛光水磨石浴缸，每一个均需耗时7天建造及打磨，贵气逼人。趴在浴缸边缘，巨大的窗户就在面前，当然还有那一望无际的大海。走到室外，网状吊床下，宝石般清澈的海水在阳光的照射下，金光闪闪，侧卧上去，感觉自己像是身处奇幻的空间中。

吃吃喝喝 RESTAURANTS & BARS

★ 饕餮胜地搜索

Reethi Restaurant　Reethi餐厅

Reethi给人的第一印象是庄重典雅。玻璃酒窖通道里展示着甄选自世界各地的9 000种顶级红酒，三大就餐区各显其独特的魅力。位于饭店尽头的区域，不仅配备了下沉式咖啡吧，现场提供研磨制作的各式咖啡，还有无敌海景供尽情欣赏。穿过金色手工雕花的木质巨门，暗红色的大理石地板、5米高的镶金雕花柚木圆柱、支撑着极具神庙特色的屋顶，恍如进入了圣殿。可以坐在延伸至海上搭建的花岗岩观景台，一边用餐，一边遥望漫无边际的大海。另一个就餐区正对着玻璃红酒屋，尽管空间不大，但无论是晶莹剔透的蓝色意大利玻璃瓦片还是手工雕琢的圆柱，无不体现出它的精致之美。在饭店的中央，伫立着全景玻璃冷餐厨房。在这里，厨师们将色彩鲜艳诱人的新鲜果蔬变成美味的艺术品——调制鲜榨饮品、夏日汤品。作为供应一日三餐的主餐厅，Reethi供应结合了现代地中海、远东风味的佳肴，午餐时分更推出由营养师精心搭配设计的健康餐点。夜幕降临，富于创造性的欧亚特色菜肴必定能满足您挑剔的味蕾。

Tapasake　夜明珠日式精品餐厅

只供应晚餐的水上日式精品餐厅Tapasake，建于岛的最西端，是一家将不锈钢、玻璃、岩石完美融合而成的现代装饰风格餐厅。黑色水磨石地板上依稀摆放着牡蛎灰珍珠母台面的餐桌，半圆形开放式寿司鱼生吧台供应从日本一周空运两次送来的海鲜。入夜后，在星星点点、造型别致的玻璃台灯的点缀之下，餐厅内散发着幽雅而又神秘的气息，耳边伴着波浪声，可以同时享受视觉和味觉的完美盛宴。

PART 3　马尔代夫特色岛屿推荐

08　最随心所欲 One&Only Reethi Rah

Fanditha 奇幻野性中东风格海滩餐吧

这是家洋溢着浓郁中东风情的餐厅与酒吧,隐匿于岛的最北端。建于海滩上的Fanditha,当置身其中时,会骤然产生一种身处中东国家的错觉。夜幕降临,围坐在由波斯地毯、古董行李箱、大靠垫随意组合而成的酒吧区,从木桶里取一瓶清爽的香槟,不远处以印度洋为背景、古董门板搭建而成的控制台旁,DJ正忘情地创造着只属于今夜的乐曲。海岸沿线摆放着一排餐桌,伊朗烤炉就在旁边,不妨尝尝新鲜烤制的面包,当然还有一道道极具中东特色的佳肴等着呢!如果以为这就是全部,那就大错特错了!篝火晚会、龙虾BBQ、满月派对是绝对不能错过的!值得一提的是,距离这里几步之遥,便是传说中的婚礼草亭,之所以无数对新人皆流连于此,就是因为这里是岛上首推观赏日落的绝佳胜地。至于海上夕阳究竟有多美,只待您前去考证喽!

Rah Bar 园林泳池吧

依偎在园林泳池旁,茅草屋顶的木质酒吧Rah,被茂盛翠绿的植被和娇艳的热带花朵所包围。坐在这里,您会充分体会到为什么最自然的就是最美的。这里全天供应由新鲜蔬果制成的低脂冷饮、健康沙拉和点心。夜晚,这里摇身一变,动感强劲的迪曲,热带鸡尾酒、冰马提尼、汽酒、各种口味的朗姆酒成了主角。

游乐项目 LEISURE

★ 动感水上运动

● 特色海钓、悦目航海和荒岛欢愉之旅

每天不同时间都会安排不同的航海之旅、丰富的海钓活动和岛屿游,因此要根据度假村提供的航程时间表来设计出行计划,以下详细介绍热门的水上运动:

珊瑚礁神秘之旅
时间:9:30至入夜(除周二、周五)
费用:90美元
身体补给:在甲板上享用美味午餐

黄昏小岛悠然体验
时间:16:00~19:30(仅周一、周五)
费用:90美元
身体补给:观赏夕阳,坐在沙滩上享用点心和饮料

免费游乐项目

健身房和修炼阁:一周7天,每天都安排有3~4节不同内容的健身课,时长在30~45分钟,内容包括:不同功效的瑜伽、普拉提、动感踏步、不同阶段的冥想训练、拉伸放松训练、舒展腿部训练

海边:脚踏船、独木舟、滑浪风帆。

晨曦传统海钓之行
时间:6:30~8:30(仅周二)
费用:90美元
身体补给:迎着清晨第一缕阳光,伴着热腾腾的咖啡或茶,吃一口糕点

PART 3 马尔代夫特色岛屿推荐

08 最随心所欲 One&Only Reethi Rah

经典Dhoni船夕阳海豚之旅
时间：18:00~19:30（仅周一）
费用：90美元
身体补给：在甲板上喝着饮料，品着茶点，等待海豚的造访

妙趣横生Dhoni船夜钓之行
时间：18:00~19:30
费用：90美元
身体补给：钓鱼也是体力活，甲板上茶点、饮料无限供应

私人豪华游艇海钓
时间：7:00~11:00，14:00~18:00
费用：1 500美元/艘

私人早餐扬帆之旅
时间：6:30~8:30（周一、周三、周五）
费用：460美元/双人
身体补给：日出之际，与心爱的人共进早餐

● 新婚有礼 WEDDING GIFT

夕阳婚礼套餐

费用：4 284美元
内容：举办婚礼场所租赁费、婚礼现场装饰布置、婚礼主持、结婚证书、新娘捧花、鲜花头饰、撒花瓣、开启香槟仪式、婚礼蛋糕、装饰过的婚车、婚礼当晚别墅内浪漫的夜床布置、婚礼次日清晨别墅内早餐、一瓶唐培里侬香槟王、在Reethi restaurant里的烛光晚餐（三道菜，不含酒水）

提示 | TIPS：以上费用需加上10%的服务费和8%的旅游税

自选项目

私人情侣SPA：根据SPA内容，价格在630~860美元
拍照：包含30张相片和1张CD，价格在650美元
摄像：婚礼全程DVD一张，价格在650美元
马尔代夫传统鼓乐队伴奏：1 500美元
浪漫日落巡航之旅：400美元

★ SPA享受似神仙

这里有令人心旷神怡的宽阔草坪，这里有精心修剪打造的花园，这里还有8间奢华至极的SPA别墅，当然不可缺少的是壮观的海景。尽管每间别墅的设计格局不一，但都散发着浑然天成的美感。别墅的尽头是由华美的天然石堆砌而成的露台，迎面便是一望无际的碧海蓝天。两间水上双人SPA套间专为情侣定制，体验至极的浪漫。在这里，还能体验按摩泳池、水晶蒸汽房、各式桑拿、透心凉冰喷泉、热带雨淋浴。

● ESPA经典体验

提拉紧致醒肤疗法、火山热石平衡身心疗法、日光浴前滋养润肤法、泰式按摩。
时长：120分钟

● ESPA草药体验

终极放松疗法、香氛四肢按摩、浸泡式草药按摩、纯草药油足疗、热辣印度油头部按摩、敏感皮肤专用疗法、油性皮肤专用疗法、干性皮肤专用疗法。时长：120分钟

- **ESPA东方体验**
  火山热石巴厘岛式按摩、日式按摩、泰式按摩。时长：120分钟
- **ESPA全身按摩**
  香氛按摩、火山热石深层按摩。时长：80分钟
  经典SPA价格：290美元
  私人SPA套房体验：根据时长和内容，价格300~725美元
  ESPA面部美容：根据时长和内容，价格95~275美元
  ESPA身体按摩：根据时长和内容，价格170~230美元
  ESPA阿育吠陀身体护理：根据时长和内容，价格85~455美元

P.S 以上房费需加上10%的服务费和8%的旅游税，8美元/夜的床铺费。

官方网址： www.oneandonlyresorts.com/flash.html
咨询及预订方式： +960 664 8800   +960 664 8822（传真）
reservations@oneandonlyresorts.com.mv

09 >> 低调奢华的海上宫殿
▶▶▶ Gili Lankanfushi

🏃 10分钟

需乘船才能到达的水上屋，拥有私人水上花园、露天浴室。

45栋美轮美奂的水上别墅由交错的码头连接，其中**Crusoe Residence**和**Private Reserve**需要乘船方能到达，私密度不言而喻。水上别墅除了空间出奇的大，还拥有私人水上花园、露天浴室和日光浴甲板。夜晚星空下，大海上，按摩浴池中，呷一口香槟，即可沉醉于月色中。别墅均由高品质的各色木材建筑而成，质感十足，或内敛深沉，或自然清新。

值得一提的是房价最高的Private Reserve，只要凑足6个成人，在淡季算下来人均房费不是很高，因为Private Reserve的套餐房价里已包含了吃喝住和接送的费用。只要赶对日子，凑齐人数，以相对的低价**享受绝对极致的体验**也并非不可能！

抵达与离开 ARRIVAL & DEPARTURE

快艇 时长：20分钟　往返价格：成人165美元，儿童（2~11岁）83美元

这些全都是免费的

- 当到达度假村，冰爽的特色饮品已在别墅等待你
- 20分钟SPA体验
- 沙滩鸡尾酒会（每周二）
- 矿泉水
- 标准瑜伽和太极课程
- 桑拿和蒸汽浴

舒适入住 ACCOMMODATION

最实惠客房：Villa Suite
这是最普通的客房，价格在1 040~2 365美元

最奢华客房：Private Reserve(可住6人)
这是最昂贵的客房，套餐房价在8 500~12 500美元

中档客房(价格由低到高)：Residence、Crusoe Residence、Villa Suite with Spa Suite、Residence with Spa Suite

淡季中档客房：1 425~2 175美元　　旺季中档客房：3 315~4 550美元
黄金期：12月19日~次年1月9日，房价最高　　悠闲期：5月中旬~10月中旬，房价最低

★ 省钱套餐

鸳鸯4夜、7夜计划

　　One Palm Island是度假村专为情侣们量身定制的极致浪漫胜地。这个小岛上仅有一棵棕榈树，度假村也因此而得名。想象一下，夕阳西下，在静谧的小岛，伴着波浪拍击沙滩的美妙旋律，两人品着香槟，将是何等惬意！夜幕降临，小岛周围点起Tiki火把，徐徐海风下，火光摇曳，而点点烛光与漆黑夜空中闪烁的星星遥相辉映，神秘又不失浪漫，再享用着现场制作的美味佳肴，红酒微醺，不知不觉已深深陶醉于这半梦半醒的意境中……

活动时间：7.9~12.12
优惠：双人自助早餐、鸡尾酒、晚餐供应1瓶葡萄酒、两人在One Palm Island赏夕阳品香槟(受惠房间仅限Villa Suite和Crusoe Residence)
4夜计划：5 448~8 650美元
7夜计划：8 615~14 218美元

⚠ 提示 TIPS

● 由于淡旺季房价有所差别，此活动分为两个时间段（7月9日~10月11日，10月12日~12月12日），不同时间段实行的套餐房价也不同。另外，针对秋季和夏季，度假村也推出房价优惠28%的活动，详情请登录网站查询。

吃吃喝喝 RESTAURANTS & BARS

早餐：55美元　**午餐：**60美元　**晚餐：**90美元
7~11岁儿童享受5折优惠，6岁以下儿童免费

新婚有礼 WEDDING GIFT

特别礼物
1瓶香槟、1次烛光晚餐、1个纪念相框、1次50分钟双人蜜月按摩疗程（至少连续入住3夜）

免费娱乐项目
无须燃烧汽油的水上运动项目、网球场、健身房

提示 | TIPS

- 以上房价需外加8美元的铺床费、10%的服务费、2%的碳排放捐款及8%的旅游税
- Private Reserve的套餐房价包含快艇接送、在居住的别墅或主餐厅享用一日三餐（不含酒精饮品）、享用Mini吧的饮品（不含酒精饮品）、洗衣服务、每天一个人可享受一次50分钟的SPA疗程
- SPA Suite的房价包含SPA音乐和香薰迎接、每人每天50分钟的全身按摩（六种不同按摩方式可供选择，最多双人入内）、一次浴室装饰、所有SPA项目享受8折优惠

中文官方网址：http://www.gili~lankanfushi.com/cn/

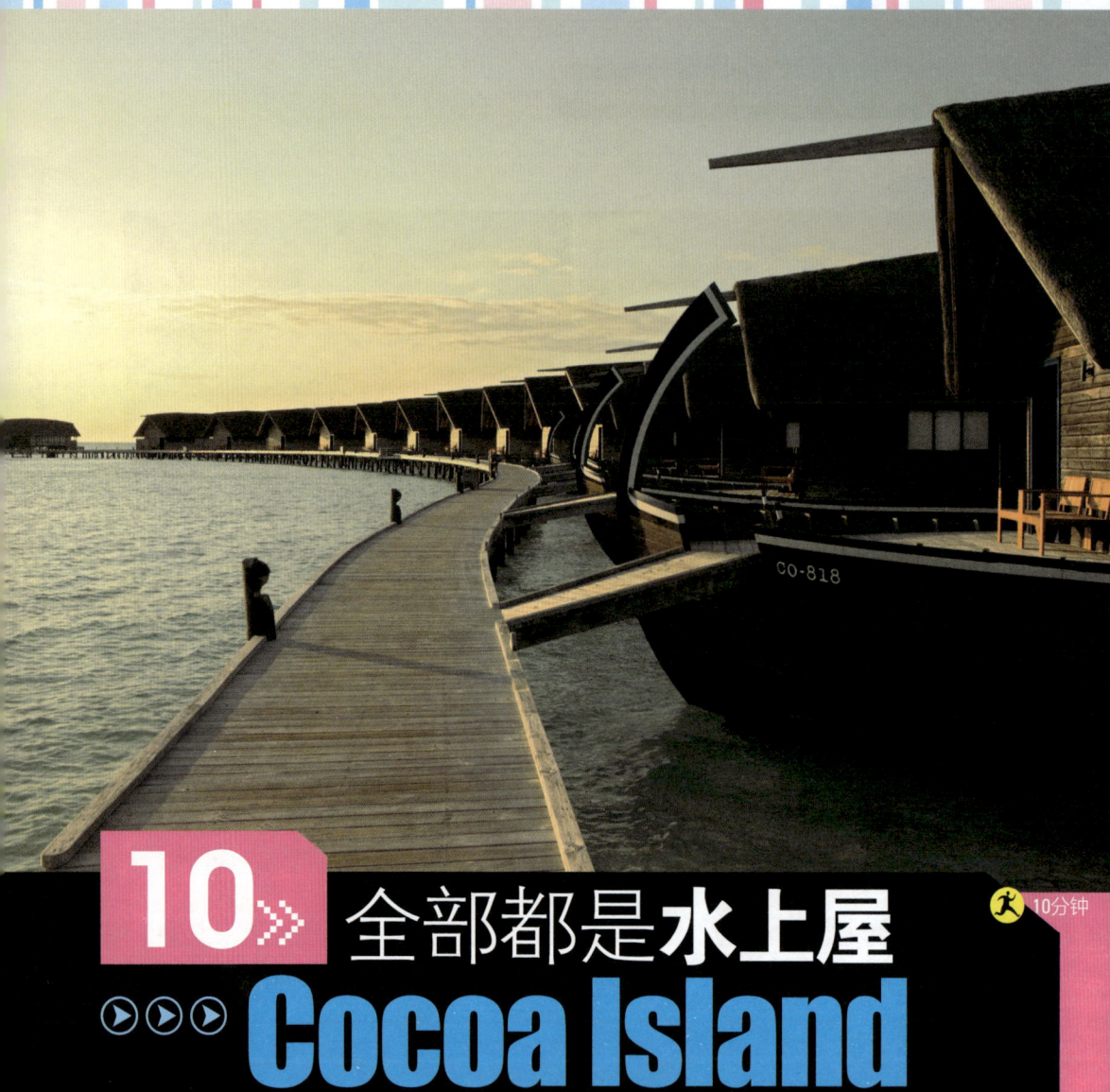

10 » 全部都是水上屋
▶▶▶ Cocoa Island

⏱ 10分钟

有33间客房，全都建在水上。价格适中。

如果说度假村里的全部客房均建在水上还不足为奇的话，那么，当你看见度假村里房价最低的客房时，定会眼前一亮——它是由昔日马尔代夫渔民使用的Dhoni船改装成的。不过，千万别"以貌取房"，室内富有现代感的格局设计和精致的装潢，绝非粗糙的船屋！这里的餐厅主要供应独具特色的本土美食，更特别为客人提供自家研发的健康餐饮。

背景大搜索 BACKGROUND

Cocoa Island是世界闻名的COMO Hotels and Resorts旗下的产业，而COMO Hotels and Resorts又是国际连锁度假饭店集团，在伦敦、泰国、巴厘岛、不丹、特克斯与凯科斯群岛等地拥有8家城市酒店及度假村。

抵达与离开 ARRIVAL & DEPARTURE

快艇：往返价格成人250美元/人，儿童（6~12岁）125美元/人
时长：30分钟
私人快艇：往返700美元/艘（最多可乘4人），往返1 300美元/艘（最多可乘8人）

一眼望穿度假村 A BRIEF INTRODUCTION OF THE RESORT

所有客房均建在水上，客房只有33间，是"私享派"最爱的岛屿。

Cocoa Island位于Makunufushi岛，拥有5种级别、共33间客房。无论是房价最低还是最高的客房，从格局来看，人均占有面积都可用奢侈来形容；从室内装潢来看，主色调为梦幻般的白色，建材皆采用天然材料，虽然设计风格属于现代简约派，但处处彰显精致巧妙的设计意图，例如：每间客房必备的纯白窗帘，是为了让反射自海洋的波光变得更柔和。

最令人难以置信的是，这里所有的客房均建在水上，因此晒太阳就自然在海上搭建的甲板上喽，还能将无敌海景尽收眼底。Villa（度假别墅）的落地玻璃窗伸延为阳台，既可以在这里享受宁静的日光浴，又可以把它当做露天用餐点。

而这里房价最低的客房，却是有着独特造型设计的船屋Dhoni Suite。全天候的休息厅里有平板电视、媒体播放器、杂志和书籍，公共区域同样精彩哦。在餐厅Ufaa里，能品尝到融合现代印度及斯里兰卡特色的美食，更可体验到COMO Shambhala式的健康餐饮。来到Cocoa，就不能错过COMO Shambhala Retreat，这个水疗中心提供了自己研发的亚洲式护理疗程，并为客人提供个性化的按摩服务。

● 舒适入住　ACCOMMODATION

实惠型客房：Dhoni Suite Dhoni套房
亮点：传统船屋造型，室内装潢简约不简单
这是最普通的客房，价格在800~1 700美元

豪华型客房：COMO Villa COMO别墅
亮点：超大面积的私人日光浴甲板，私人管家服务，落地窗和四个阳台的设计，可尽享浪漫时光
这是最昂贵的客房，价格在2 750~4 750美元

黄金期： 12月20日~次年1月4日，房价最高
悠闲期： 5月1日~10月31日，房价最低

★ 省钱套餐

活动时间： 5月1日~10月31日
优惠： 住4夜付3夜的房费、住7夜付5夜的房费、住14夜付10夜的房费

⚠ 免费夜仅限床铺费和早餐，需支付8美元的铺床费，所有服务另加10%的服务费和8.8%的旅游税

★ 经典推荐

Dhoni Loft Suites

Dhoni Loft Suites
梦幻般的传统船屋造型，别有洞天的室内格局

这种房间是由传统船改装而成，最具浪漫气息！

有别于附近印度南部的Kerala式船屋，Cocoa将昔日马尔代夫渔民使用的Dhoni船改装成了如今的Dhoni Loft Suite，传统味十足的外形实在让人无法与室内的装饰风格联系在一起。白天坐在船头甲板的椅子那儿晒晒太阳，或是直接下水游游泳，再到室外淋浴间冲个凉；晚上在这里吹着海风，听着海浪拍击船体的声音，享用着只属于二人世界的烛光晚餐，好似做梦一般！走进屋内，白色的家具与配饰，深棕色的地板和床架，桌上点缀着点点绿叶植物，给人清爽而又很有档次的感觉，这全仰赖COMO的御用设计师所赐。

生活区三面都是通体落地窗，躺在舒适的沙发上，上上无线网或看着DVD大片，随便一瞥都能将无敌海景尽收眼底。超级宽敞的化妆室容纳了浴盆间、淋浴间、两个梳妆台和卫生间。爬上楼梯到达阁楼，这里还摆着大床并设有卫生间呢。

吃吃喝喝 RESTAURANTS & BARS

★ 饕餮胜地搜索

Ufaa 点餐式餐厅

在这里，除了能品尝到具有本土特色的菜肴和海鲜外，COMO Shambhala还特别提供健康菜品，像印度烧烤菜品，不用食用油烧烤的肉类和鱼类，或是采用有机食材烹制出的佳肴。

无论是坐在无边无际的泳池旁，或是踩在绵软的沙滩上进餐或是坐在由茅草做屋顶、天然木材打造的餐厅内，都能让人悠然自得地享用美食。典雅的宴会座位，由深棕色的大长桌，舒适的藤椅和长沙发组成。

Faru 酒吧

室内装潢质感十足，从上午10点一直开到午夜。

★ 省钱套餐

酒店推出两个方便实惠的用餐计划：
Half Board & Full Board

Half Board：
包含三道菜的午餐或晚餐，成人110美元/天，儿童（6~12岁）55美元/天

Full Board：
包含三道菜的午餐和晚餐，成人150美元/天，儿童（6~12岁）75美元/天

● 新婚有礼 WEDDING GIFT

 特别礼物

条件：以结婚证上的登记时间为基准，往后3个月内均有效。

- 当到达时，度假村会送上一瓶香槟、一盘水果及蜜月纪念品。
- 在Dhoni Suite或Dhoni Loft Suite至少住5夜，送一瓶香槟、一盘水果及蜜月纪念品，并送120美元双人SPA代金券。

 海滩婚礼

度假村特别推出两种婚礼套餐，帮助新人将人生最美好的婚礼瞬间变为永恒！

Kanbili套餐：2 300美元
- 西式婚礼场地装饰
- 婚礼协调人
- 婚礼主持人
- 新娘手捧花束
- 新郎胸花
- 新娘头饰
- 婚礼蛋糕（一层）
- 婚礼香槟
- 专属于新婚二人的浪漫沙滩烛光晚餐
- 盛放戒指的枕头
- 马尔代夫传统音乐现场伴奏
- 度假村的婚礼计划书和结婚证书

Furana套餐：2 600美元
- 包括Kanbili套餐的全部内容
- 在COMO Shambhala Retreat享受COMO Shambhala按摩
- 度假村送上的婚礼礼物

● 游乐项目 LEISURE

★ SPA享受似神仙

● 单项疗法
- 各式按摩：140~220美元，时长60~90分钟
- 足疗：110美元，时长60分钟
- 各式沐浴疗法：230美元，时长120分钟
- 各式面部美容：140~230美元，时长60~120分钟
- 修甲：70~90美元
- 冻蜡褪毛处理：20~50美元
- 瑜伽课程：1人80美元，2人140美元，3人150美元，4人以上每人40美元，时长60分钟

● 草本蒸汽浴精油按摩疗法
- 疗程时长：30~90分钟
- 单次价格：160~200美元
- 3次价格：360~490美元
- 5次价格：520~740美元

免费游乐项目

独木舟、双体帆船以及冲浪和浮潜所需的配备都是免费的。

无论是在水疗泳池还是蒸汽房，都可以免费泡、免费蒸。也可以在健身房挥洒汗水，在这里使用所有健身器材同样也是免费的。

★ 动感水上运动

如果精力充沛又富有好奇心，推荐岛屿游。可以用半天时间，去无人岛浮潜或是到另一个度假村去领略不同风情，还可以去马尔代夫平民生活的村庄逛一逛。潜水艇体验，不必亲自潜入深海，就能领略海洋世界的奇幻景象。夕阳海钓，在享受垂钓乐趣的同时，还可以品尝最新鲜的鱼味。快艇游可追逐海豚，观看它们嬉戏，好静的可以坐在豪华游艇上，吹吹海风，欣赏落日，热饮冷饮、红酒香槟、水果和开胃菜随时供应，就尽情享受吧！

PART 3 马尔代夫特色岛屿推荐

10 全部都是水上屋 Cocoa Island

热门运动价格

岛屿游

时间	组团条件	价格	免费提供
上午9点~下午1点半	最少4人,最多8人	200美元/船	浮潜器具、水、软饮、小点心

浮潜

时间	组团条件	价格	免费提供
上午 9:30~11:30 下午 2:30~4:30	最多2成人,1儿童	140美元/船	浮潜器具、水

夕阳之旅

	时间	组团条件	价格	免费提供
坐快艇	下午4点半~晚上6点半	最少4人	250美元/双人	香槟、红酒、啤酒、水、软饮和开胃菜
乘豪华游艇 COMO-1	下午4点半~晚上6点半	最少4人	团队价格 1 000美元/双人	香槟、红酒、啤酒、水、软饮和开胃菜

夕阳海钓

时间	组团条件	团队价格	双人游价格	免费提供
下午5点半~晚上8点	最少4人,最多8人	75美元/人	225美元	钓鱼器械、鱼饵、水、软饮、啤酒

专业海钓

时长	价格	免费提供
4小时	1 000美元/船	钓鱼器械和鱼饵、水、软饮、啤酒、咖啡、茶
8小时	1 450美元/船	钓鱼器械和鱼饵、水、软饮、啤酒、咖啡、茶

海下运动

潜水

课程(包含潜水所需一切装备)
一般课程:100~945美元
专业课程:潜水1次费用295美元,潜水2次费用335~390美元,潜水3次费用460美元,潜水4次费用630美元

潜水所需费用
租潜水配备:6~90美元
潜水:依据潜水次数的不同,费用95~950美元/人
　　　高氧潜水的附加费是10美元/罐,夜间潜水含手电筒的附加费是15美元,4人以上由私人潜水教练领队的潜水附加费是250美元

虚拟预算 BEST OFFER

★以双人7夜为例

快艇接送594美元

选择住7夜优惠活动（5月1日~10月31日期间入住Dhoni Suite）

10 165美元

用餐选择Half Board计划

1 830美元

私人浮潜，两天一次

499美元

共计约为：13 088美元

注 TIPS

1. 以上房费里还需加上8美元/夜的铺床费、10%的服务费和8.8%的旅游税，餐费和接送费也好加上10%的服务费和8.8%的旅游税。
2. 在圣诞节及新年期间（12月25日~次年1月1日）度假村规定至少需入住7晚。
3. 在COMO Shambhala Retreat享受各式疗法须外加10%的服务费及8%的旅游税。
4. 所有航行活动项目都需加上10%的服务费及8%的旅游税。
5. 凡在2月11日~10月31日，至少提前1个月预订客房（至少4夜），度假村赠送付房费代金券150美元/间/夜，可用于食物、饮料、SPA或度假村的短途出海旅行，但不能用于MINI吧台、潜水和精品店，此券需当天用完，隔日无效。

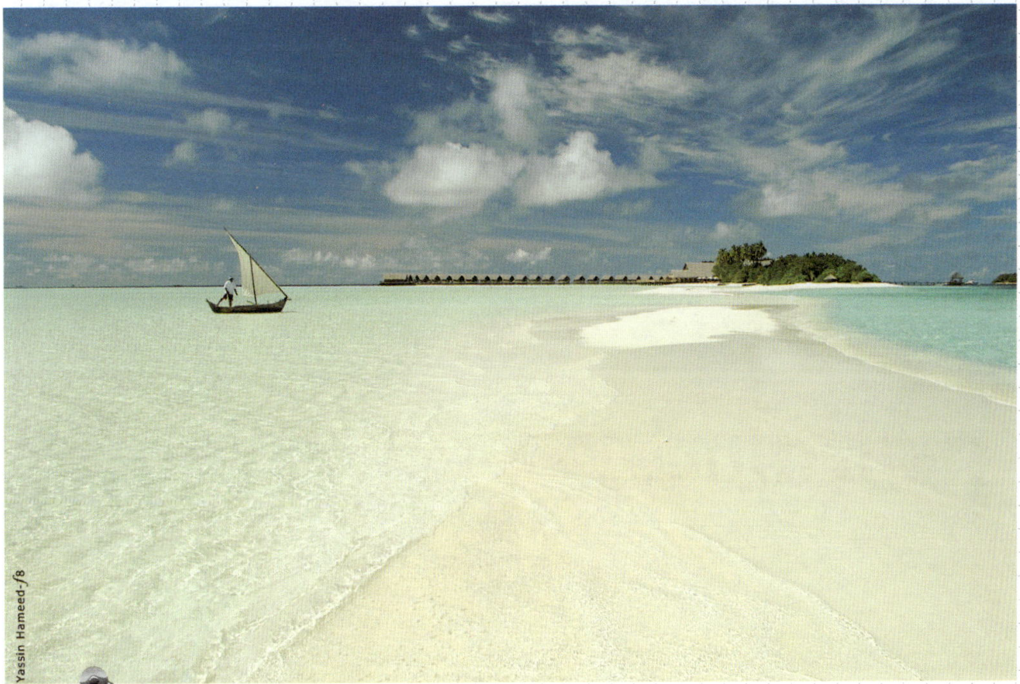

Yassin Hameed-f8

如何去？

官方网址： http://www.cocoaisland.como.bz/

咨询方式： +960 664 1818　+960 664 1919（传真）

res@cocoaisland.como.bz

一价全包式度假村
▶▶▶ 实惠大比拼

我们去过六次马尔代夫,深感岛上花钱如流水。如果不是大款,最好还是选择一个一价全包式的岛屿。就类似进了游乐园买张通票,只要付了通票费,岛上所有吃喝玩乐基本不再另收费。

中国游客喜欢选择的一价全包式酒店有三家,我们就来横向比较一下这三家酒店哪家服务更加贴心,哪家价格更加实惠。

参赛者 PARTICIPANTS

Club Med Kani 卡尼   20分钟

这是少有的、一价全包还包浮潜的度假村。要知道,在几乎所有的马尔代夫度假村里,浮潜都属于自费项目。此外,Club Med Kani还提供中文服务。

费用: 房费
房费中包括吃喝玩乐住全部的费用。也含有套餐,但不能单点。

Komandoo Maldives Island Resort 卡曼都

只有45间客房的四星级迷你度假村。Komandoo只有别墅和水上屋，私密性甚佳。纯柚木质的客房，给人一种原始野性之体验，又有回归自然之感觉。除了房价最低的客房外，其他都配备按摩浴池，可让身心彻底放松。

费用： 房费+单点或者套餐费

单点： 早餐免费；午餐和晚餐50美元/天/人；晚餐30美元/天/人

全包套餐： 70美元/天/人，包含一日三餐，用餐时供应矿泉水、软饮、红白葡萄酒、罐装啤酒、果蔬汁、茶和咖啡；Kandu酒吧供应矿泉水、软饮、红白葡萄酒、罐装啤酒、果蔬汁、烈性酒、茶和咖啡；每天每间客房提供2瓶1.5升瓶装水；在点餐式餐厅Aqua用餐可享受8折优惠；一次免费夕阳航海之旅；每天可免费搭船去附近的小岛Kudadu；免费玩橡皮艇和帆板（只针对有经验的玩家）

Gold套餐： 110美元/天/人，包含一日三餐，用餐时供应矿泉水、软饮、红白葡萄酒、罐装啤酒、果蔬汁、茶和咖啡；Kandu酒吧供应下午茶、餐点和咖啡；Kandu和Thundi酒吧供应更多种类的烈性酒和罐装果汁，每天重新补充一下Mini Bar；Kandu和Thundi酒吧供应鸡尾酒；每周一次在点餐式餐厅Aqua享用免费晚餐；每周一小时免费SPA；免费玩橡皮艇和帆板（只针对有经验的玩家）

Kuredu Island Resort 古丽都 60分钟

少见的一价全包，客户还配备私人泳池。住在不同类别的客房都有专属餐厅。有9种类别的客房，4家风味各异的点餐式餐厅和7个不同风情的酒吧，想让审美疲劳都很难。这里还有高尔夫球场，这一切似乎都无法与一价全包式度假村联系在一起。

费用： 房费+单点或套餐费

Half Board： 20美元/天/人，含早餐和晚餐

Full Board： 40美元/天/人，含一日三餐

全包套餐： 60美元/天/人，包一日三餐、在点餐式餐厅就餐享受8折优惠、免费玩橡皮艇和帆板（只针对有经验的玩家）、购买瓶装水享受5折优惠。

GOLD套餐： 110美元/天/人，包含以上全包套餐内容，及享用指定酒吧鸡尾酒、下午茶，免费打网球，每周一次在点餐式餐厅Fianco's享用免费晚餐，每周免费打一轮高尔夫，每周免费做一次1小时的SPA。

第一回合：抵达与离开 ARRIVAL & DEPARTURE

Club Med Kani 快艇 时长：30分钟；往返价格：136美元/人
Komandoo 水上飞机 时长：40分钟；往返价格：454美元/人
Kuredu 水上飞机 时长：40分钟；往返价格：439美元/人

点评 | COMMENTS

Kani提供快艇，另外两家提供水上飞机。从价格和便捷度上考虑，Club Med Kani更胜一筹。从视觉角度来看Kuredu和Komandoo具有绝对优势。

P.S 当地政府规定，水上飞机每天17:00到次日凌晨6:00禁飞。如果搭夜航班抵达，只能在马累住一宿（费用自理）。

第二回合：驻岛时限 COMPULSORY DURATION

Club Med Kani 至少4夜 **Komandoo** 至少6夜
Kuredu 至少6夜

点评 | COMMENTS

显然自由度最高的是Club Med Kani。一般来说，从性价比的角度考虑，建议选择乘新加坡航空或斯里兰卡航空公司的飞机前往马累。如果乘坐斯航的飞机，需要先从北京到曼谷，停1小时。这段时间内有部分乘客上下飞机，然后再飞往科伦坡，随后转机到马累，每周三、五、日有航班。如果乘坐新航的飞机，在新加坡转机前往马累，天天都有航班。个人比较两家航空公司，新航无论从服务或是方便性都要强于斯航，但机票价格要比斯航高出1 000元人民币左右。

第三回合：住所全扫描 ACCOMMODATION

Club Med Kani

客房种类： 共5种，Lagoon Suite、Beach Villa、Club Fam、Superior Room (connecting)、Superior Room
最高价客房： 1 499~1 993美元/双人
最低价客房： 720~929美元/双人
房价最低期： 11月初~12月中旬、1月初~2月初、2月中旬~4月底

Komandoo Maldives Island Resort

客房种类： 共3种，分别为Beach Villa, Jacuzzi Beach Villa, Eagle Ray Jacuzzi Water Villa

最高价客房： 632~762美元/双人

最低价客房： 351~457美元/双人

房价最低期： 4月底~7月中旬

All-Inclusive GOLD套餐中包含每天重新补充一次Mini Bar

Kuredu Island Resort

客房种类： 共9种，分别为Bonthi Garden Bungalow, Bonthi Beach Bungalow, Koamas Beach Villa, O Beach Villa, Koamas Jacuzzi Beach Villa, O Jacuzzi Beach Villa, Sangu Jacuzzi Beach Villa, Sangu Water Villa, Sultan Pool Villa

最高价客房： 829~984美元/双人

最低价客房： 131~290美元/双人

房价最低期： 4月底~7月中旬

All-Inclusive GOLD套餐中包含每天重新补充一次Mini Bar

点评 | COMMENTS

如果喜欢在度假村领略各式客房独有的风情，Kuredu是首选。Komandoo的三种客房建筑风格类似，价格的高低主要取决于空间大小、是否有按摩浴池以及水上屋与海滩屋。Club Med Kani五种房型风格差别很大，高级房是水泥材质，海滩别墅是柚木材质、2层带阳台，水上屋则浪漫豪华。

最低价客房谁更有价格优势？

Kani: Superior Room属于现代简约型风格,位于不同地点的客房室内面积都不相同。亲身体验是,面向码头一面的客房空间比背向码头一面的客房空间要大。

Komandoo: Beach Villa档次高出不少,选用木质建造,建筑面积大,有豪华浴室以及花园内的玻璃冲凉间。

Kuredu: Bonthi Garden Bungalow属于野性质朴风格,茅草屋样的外观,但室内外该有的设施一项也不少,并且部分客房刚重新装修过。

以淡季客房的最低价为例,选择Kuredu会比住Kani便宜约369美元/双人/夜(含3餐、玩乐)。

P.S Kuredu建议选Bonthi Garden Bungalow房型,Kani建议选Superior Room房型。

最高价客房谁最有价格优势？

Kuredu: 这里最贵的房型不是水上屋,而是Sultan Pool Villa豪华别墅,室内陈设考究,室外以雪松瓦为顶的客厅多了一份悠然,少了一份刻板。夜晚屋外点点射灯映衬下的别墅,反射在暗蓝色的泳池水面,散发着复古而又神秘的气息。

Kani和Komandoo: Kani的Lagoon Suite和Komandoo的Eagle Ray Jacuzzi Water Villa同属水上屋,但相比之下后者整体空间要略大些,尤其是屋外露台的面积很大,感觉气派许多。价格上,以淡季客房的最低价为例,住在Komandoo会比住在Kani便宜647美元/双人/夜(含3餐、玩乐)。

P.S Komandoo建议选Eagle Ray Jacuzzi Water Villa房型,Kani建议选Lagoon Suite房型。

建议 | SUGGESTIONS

Komandoo和Kuredu两个岛屿全年不同时期,同一客房价格多达6种,所以提前一年做度假套餐,绝对能省不少银子!

● 第四回合：吃喝攻略 DINING

Club Med Kani

除了吃法国龙虾餐外，所有吃喝费用都包含在房价中，也就是说，几乎所有餐点和酒水都是免费的。

免费餐厅和酒吧

Le Vehli： 完全免费的自助餐厅，基本上一日三餐都可在这里解决。餐点里除了吞拿鱼，几乎没有海鲜，味道也一般。但每晚都会有点"特别的"，那是最值得期待的。餐厅会根据不同主题更换所有装饰和餐点，天天都有新鲜感。

L'Iru Bar： 全免费，位于泳池旁，在沙滩上摆放木质高桌椅和圆桌躺椅，提供免费饮料和小点心。

付费餐厅

Le Kandu： 想要浪漫一下就来这家价格不算太贵的点餐餐厅，蜜月总要浪漫一下才好。餐厅建于水上，倚着栏杆就可以看见各种热带鱼、小鲨鱼游过。在这里用餐需付费，其中酒吧全免费。

Le Sunset Bar： 全免费，与Le Kandu为一体，提供饮料、烈酒和鸡尾酒。

Komandoo Maldives Island Resort

免费餐厅

Restaurant & Bar： 免费餐厅，其中自助餐厅建于延伸到水上的甲板上，茅草屋顶，室外甲板上放置着圆桌和单人沙发，每天都有不同主题的晚宴。这里的一日三餐，包括鸡尾酒、饮料、烈酒以及下午茶和小点心均免费。

付费餐厅

Aqua： 付费餐厅，餐桌就摆在建于水上的甲板上，没有栏杆和任何屏障物，可将唯美的海景尽收眼底，这是点餐式餐厅，在这里用餐需付费。

如果选择All-Inclusive GOLD套餐，一周内可在这里享用一顿免费的晚餐。

Kuredu Island Resort

免费餐厅

每天都有不同主题的晚宴，厨师在开放式厨房现场烹制佳肴。住在不同房型中的客人，会在不同的餐厅用餐。

Bonthi Restaurant: 服务房型为Bonthi Garden Bungalow和Bonthi Beach Bungalow

Koamas Restaurant: 服务房型为岛上南海岸的Beach Villa和Jacuzzi Beach Villa

Sangu Restaurant: 服务房型为Sangu Water Villa

'O' Restaurant: 服务房型为岛上东北部新建的Beach Villa

免费酒吧

选择All-Inclusive的话，水、果汁、啤酒、烈酒、葡萄酒均免费；选择All-Inclusive GOLD的话，除了以上饮品外，鸡尾酒也是免费的。这里有"蹦迪狂人"最爱的Babuna Bar、浪漫的Akiri Bar、鸡尾酒天堂Pool Bar、Sangu Bar，拥有无敌海景的'O'Bar、Golf Bar和斯里兰卡茶馆Sai Kotari。

付费餐厅

以下提到的几个餐厅，都是付费点餐，但若选择一价全包，就餐可享受8折优惠（Tea House除外）。

The Beach: 供应晚餐，提供烧烤海鲜、牛排。

The Far East: 供应晚餐，泰国主厨为客人烹制亚洲味十足的菜肴。

Fianco's: 提供意大利美食（上午10点~晚上11点），若选择All-Inclusive GOLD套餐，一周内可在这里享用一顿免费晚餐。

Tea House: 正宗的马尔代夫菜肴，是"嗜辣族"的首选（不提供含酒精饮料）。

> **备注 | TIPS**
>
> 住在Sangu Water Villa, Jacuzzi Beach Villa和Beach Villa的客人想在Sangu Restaurant，'O' Restaurant或Koamas Restaurant就餐的话，只需提前预订即可。住在Bonthi Garden Bungalow和Bonthi Beach Bungalow的客人不能在Sangu Bar和'O' Bar里享用免费饮品。

> **点评 | COMMENTS**
>
> Club Med上的矿泉水是完全免费的，另外两个岛的全包报价中不含瓶装水，如果是套餐用户购买可以打5折。

第五回合：撒欢玩乐 RECREATION

Club Med Kani

　　最超值的就是免费浮潜。请特别注意，基本上可以说除Club Med外，其他马尔代夫度假村的浮潜均为自费项目。每天早餐后和午餐后各有一个出海浮潜行程。几乎每次航线都不同，每天都参加也能看到截然不同的海下美景。

Kuredu Island Resort

　　浮潜自费、远海活动自费、近海运动免费。各种水上、水下运动比其他两家度假村要丰富许多。这里特别隆重且独一无二的项目是住在超级豪华游艇里，展开潜水大冒险旅程，价格最低时280美元/天/人。GOLD套餐中包含网球和每周1场高尔夫球。

点评 | COMMENTS

　　只有Club Med的浮潜是免费的，另外两家度假村的浮潜都是收费项目。这三家度假村海钓、深海潜水、游艇航行、岛外观光等都是收费项目。陆地上能玩的项目以及海上冲浪、独木舟等都是免费项目。

第六回合：SPA享受似神仙 ENJOYABLE SPA

Club Med Kani

需要付费，可选的护理类别也比较少

各式按摩： 98~251美元/人，护理时长50~140分钟
手足保养： 41~54美元/人，护理时长50分钟
面部护理： 98美元/人，护理时长50分钟

Komandoo Maldives Island Resort

Gold套餐含每周1小时SPA，其他需要付费。

6大类SPA项目

特色疗程： 95~164美元/人，护理时长75~120分钟
双人浪漫SPA： 196~391美元/双人，护理时长75~120分钟
皮肤护理疗程： 89美元/人，护理时长75分钟
抗衰老护理疗程： 109美元/人，护理时长75分钟
各式按摩： 50~88美元/人，护理时长30~60分钟
晒后修护疗程： 54~108美元/人，护理时长60~75分钟，包括美发、美足、美手和美肤
舒活减压疗程： 93~287美元/人，护理时长60~195分钟

Kuredu Island Resort

Gold套餐含每周1小时SPA，其他需要付费。

　　有两家SPA分别是位于岛中央的Duniye SPA和位于岛东海岸的"O" SPA，由于"O" SPA建于水上，因此有些项目，如Duniye SPA的标价比"O" SPA要便宜5~10美元。

　　SPA项目与姐妹岛Komandoo是一样的，大部分项目的价格两家度假村都是一样的。

　　除此以外，还有瑜伽课，时长75分钟，费用52美元/人（93美元/双人）。

P.S 所有SPA疗程均需预订。因此，最好在预订饭店的同时预订上你想体验的SPA疗程。

● 第七回合：浪漫蜜月 ROMANTIC HONEYMOON

Club Med Kani

赠送内容

　　蜜月房间装饰、行李生迎送服务、优先入住登记、两件蜜月T恤、双人SPA按摩一次（约50分钟）、Le Vehli或Le Kandu特色餐厅浪漫晚餐一次、水上屋免费送餐、私人专车接送服务

蜜月房标准配置

　　村长亲笔祝贺信、婚床心形花瓣布置、香槟或红酒一瓶、蜜月照预约券一张、高级SPA按摩用品、浪漫氛围音乐CD一张。

P.S
1. 享受蜜月套餐需提供半年内的结婚证或是结婚5周年庆，出发时间必须为结婚当月。
2. 如同一预订中有不同房型交错，将以逗留时间较长的房型赠送内容为准；如不同房型的逗留时间相同，将以次等级房型赠送内容为准。
3. 蜜月套餐截止时间以Club Med官方网站上公布的信息为准。

Komandoo Maldives Island Resort

赠送内容 精致的床饰、水果篮、蜜月T-shirt、汽酒

Kuredu Island Resort

想举办婚礼？来姐妹岛Kuredu吧！这里有最浪漫、最完美的婚礼计划。

赠送内容 水果篮和汽酒

自费婚礼计划
烛光晚餐： 品尝龙虾大餐或其他。双人340美元起价

香槟早餐客房服务： 在客房内享用早餐，包括汽酒或香槟。双人80美元起价(预订的话，需在17:00～22:00通知客房服务部)。

特别餐饮： 婚礼蛋糕30美元起价，汽酒每瓶35美元起价，香槟每瓶80美元起价。

荒岛漂流： 早上驾船被"扔"到荒岛上，可以在环礁湖中游泳和浮潜，中午等待的是野餐和软饮等，午后再把接回度假村。双人175美元

奢华航行之旅： 在长约23米的豪华游艇上享受精彩的一天，游泳、浮潜已不是什么新鲜事，运气好的话能看到成群的海豚穿梭而过。120美元/双人

香槟迷醉之夜： 想象一下烛光，弥漫着淡淡香气的SPA房间，芬芳的精油从皮肤上滑过，按摩师纯熟的技艺，令人恍如在半梦半醒之间，SPA后再饮一杯香槟，还有什么可奢求的呢？！198美元/双人

度假村婚礼
420～1 200美元

婚礼仪式、烛光晚餐、浪漫客房装饰、新娘SPA室内化妆、婚礼蛋糕、香槟酒、摄影师拍照（两卷胶卷或CD）、马尔代夫鲜花装饰、马尔代夫击鼓伴奏等。

无人小岛婚礼： 需要为租用场地额外花750美元。当然也可以在豪华游艇Britt上举办婚礼。

最终回合：虚拟花费 BEST OFFER

以下均为选择一价全包式套餐，且不超出消费范围的计费。以6夜旅程、在旅游淡季选择入住最低价的客房为例，大致估算出平均每天双人的花费。

Club Med Kani

1. **会员费：** 40美元/人；双人费用平摊到一夜为13美元（40×2/6）
2. **接送费：** 136美元/人，双人费用平摊到一夜为45美元（136×2/6）
3. **房费：** 720美元/双人
4. **套餐费：** 无，含在房价中

虚拟花费约为：778美元/夜（含浮潜）

P.S 旅游淡季可选择入住 Superior Room。

Komandoo Maldives Island Resort

1. **会员费：** 无
2. **接送费：** 454美元/人，双人费用平摊到一夜为151美元（454×2/6）
3. **房费：** 351美元/双人
4. **Gold套餐：** 110美元，双人为220美元

虚拟花费约为：
722美元/夜

P.S 旅游淡季可选择入住Beach Villa。

Kuredu Island Resort

1. **会员费：** 无
2. **接送费：** 439美元/人，双人费用平摊到一夜为146美元（439×2/6）
3. **房费：** 133美元/双人
4. **Gold套餐：** 110美元，双人为220美元

虚拟花费约为：497美元/夜

P.S 旅游淡季选择入住Bonthi Garden Bungalow，可享受最便宜的SPA。

❗ 提示 | TIPS

- 在Komandoo和Kuredu预订套餐，需每天佩戴套餐标牌或标识手镯，以提示服务人员。在Kuredu丢失了手镯的话，每天要交25美元才能享受优惠。
- 在旅游淡季，Komandoo和Kuredu都会对指定类型的客房推出促销活动，例如：住7晚即免1晚房费，详情请参阅度假村官方网站。
- kani针对家庭、蜜月情侣或是在特定的度假村于不同时期都会推出超值套餐，详情请参阅度假村官方网站。
- Kuredu网站上的智能地图，可让你轻松掌握度假村的地形。要知道在这家拥有超过370栋别墅的度假村里瞎逛可是很容易迷路的呀！
- Komandoo谢绝12岁以下儿童预订。

PART 3 马尔代夫特色岛屿推荐

一价全包式度假村实惠大比拼

Club Med Kani

中文官方网址： http://www.clubmed.com.cn/
咨询及预订： +960 664 3152 或664 0001（中文）　+960 664 4859（传真）

Komandoo Maldives Island Resort

官方网址： http://www.komandoo.com/index.aspx
咨询及预订：
+960 662 1010　+960 662 1011（传真）　info@komandoo.com
http://www.komandoo.com/komandoo-island-reservations.aspx（在线预订）

Kuredu Island Resort

官方网址： http://www.kuredu.com/index.aspx
咨询及预订：
+960 662 0337　info@kuredu.com
http://www.kuredu.com/reception/kuredu_island_resort_reservations.aspx（在线预订）

MALDIVES

PART 4

▶▶▶▶▶▶▶▶▶
马尔代夫日记

★夜幕下Soneva Gili by Six Senses的Private Reserve

海滩上尽情撒欢

水上屋附近的海水有三种色彩

最实惠的岛屿"通票"

去游乐园时常常想,如果买了通票,游乐园里的小吃也可以随便吃就好了。这种梦想在马尔代夫可以实现:我们选择了岛屿"通票",付了房费以后,岛屿上的吃喝游乐一切一切都是免费。

我们这群人一共去过六次马尔代夫,感觉最耍得开的要算这种"一费到底"的酒店了,只要上了岛,所有的一切都是免费的。水果、饮料、小食品,甚至海鲜大餐统统免费,对于我们这样的平民族,玩起来心理负担会比较小。

乘坐斯航凌晨到达,漆黑的海面上忽然出现一处灯火辉煌的岛屿,那就是目的地——卡尼岛(KANI)。在码头,早有GO(Gentle Organizer,服务生+陪着大家玩的人)端着毛巾和饮料等候着我们,鲜花串儿戴到脖子上、冰毛巾擦手,感觉真正的假期开始了……

过来人经验 | PERSONAL EXPERIENCES

赵传:飞机上看马尔代夫非常美丽,建议往返航班中至少保证有一趟是白天的。

Remy:如果乘坐斯航,在回程转机时,可以去机场里的免税店看看。其中有一个印度风情首饰专卖,价格不贵,可以好好逛逛。

奇奇:两个航空公司我都坐过,对新航感觉很满意。在飞机上看了好几部国内还没上映的大片,回来有谈资。

Sun:斯航虽便宜,但餐点较差,根本吃不下,顺手减肥了。

建议 | SUGGESTIONS

1. 沙滩房和沙滩高级房,居住感觉差不多,沙滩房性价比较高。蜜月最好尝试至少1夜的水上屋,需要提前预约。如果在国内没有预订上水上屋的也可以到了岛上后看看有没有空闲的,补交差价升级到水上屋。差价大概800~1 000元人民币/晚,价格还需要根据具体时间而定。

2. 如果到了岛上房间被安排得很偏僻,可以找GO调换,在大堂的门口有个全岛房间的布局图,方便找到好位置的房间,同等房间是不需要增加费用的,靠近餐厅的房间,可以让你节省时间。如果房间位置不好,一定要态度坚决地提出换房。

3. 很多人认为,只有卡尼岛才是"通票岛",其实马尔代夫有很多这样一费全包的酒店。去"通票岛"不用带水,饮料都是免费的。

4. 卡尼岛有中文服务,不会外语也不怕。

自助式早餐很丰盛

您几位太性感了，我去拿几条毛巾帮你们披上，好吗？

旅行要带上心灵和眼睛，还要带上一份自由。岛上见到不少日本女孩潜水时都是浓妆上阵，令人钦佩。Sun说要自由，绝不能和日本姑娘一样，于是提议穿比基尼+上衣，不穿外裤去餐厅，吃完就可以直接下水。赵传马上鼓掌，好好，就应该这样，人家电影里都是这样的。Remy特别挑出半透明、长短刚刚到pp的衬衫套上，问赵传意见。赵传斩钉截铁地回复："风流不下流，就这样。"

走到餐厅门口，门口服务生就彬彬有礼地鞠躬，红着脸说："**您几位太性感了，可能会发生踩踏事故，我去拿几条毛巾帮你们披上，好吗？**"

卡尼岛的餐厅有特色，餐厅门口左右各放一个模特，模特身上的T-SHIRT就是当天岛上所有GO穿的T-SHIRT，方便你在岛上辨认GO。餐厅门口的布告栏里面会张贴当天各时间段的派对和娱乐节目，游客可以随时查询。餐厅设计使人几乎忽略了房子的概念，餐厅尽可能地与自然环境融为一体。餐厅大面积使用玻璃窗，四周能看到的景色除了海景就是热带植物，绝少有人工痕迹，中庭露天，所以虽然身在室内，感觉却是和自然融为一体。餐厅里没有空调，最好是坐在靠中庭或者是风扇下，会比较凉爽。

卡尼岛的三餐都是自助餐，而且很是中西结合，可以根据自己的需要选取早餐。并且光是各种果酱、小菜就单独有个台子供人挑选。厨师们还都很友好，就算你的英文不够好，还是可以点一些简单的菜，他们会热情地给你来个小炒。

正准备狼吞虎咽时，Sun指着那处天井说："看这餐厅多有情调，那儿还有小型瀑布呢！"我们顺眼看去，纷纷唾弃她。

"拜托，现在外面在下太阳雨。"岛上的雨就是一阵一阵的，下雨时通常阳光明媚、时间很短，不影响在岛上游玩。但是有雨时由于海水能见度降低，潜水活动会被取消。

浮潜是我们最爱的活动，在岛上每天都要去潜两次。

我们几个去过的潜水地也不算少，通常鱼都是爱吃面包的。这次大家集体怂恿Sun去偷点面包出来喂鱼。这里三餐都是自助，我们选在早餐时下手，赵传负责把所

被做成鳄鱼形状的面包

晚宴上的熏肉

有人和鱼吃的面包取回来。

"four。"赵传伸出一只手比划4个手指。

"不要吃这么多，"厨师说，"旁边还有好吃的，一个女孩，一个就好。"

赵传英文技艺不佳，解释不清是一下取四个人的，只好说："很饿，4个。"

厨师摆出一脸赞叹："吃得多，很好！很好！"说着挑了4块刚烤好的大面包拿给赵传。

赵传拿了4人份又想起要偷鱼食，只好转过头说："再来一份。"

厨师居然喜出望外，连连说着："我的面包最好吃。"一边又堆了好几块到盘子上。

赵传举着面包山回来，我们所有人都惊到发呆。也没带个包来，怎么把这么多面包偷出去啊。好在Sun干这种事是出了名的快准狠，马上就想出主意："放在比基尼里带出去就可以了啊！"。

"呀，好主意，好主意。"

"真是天才！"

"谁来带？"

那天是如何走出餐厅的，我现在还记得很清楚。Sun毫无羞愧感，挺着麻花面包型的胸部昂首跨步。我们三个溜边尾随。Sun就这样把面包一路带到快艇上。外国游客都不由地对Sun的身材赞叹不已。

到潜水地Sun迫不及待地第一个跳下水，

我们磨磨蹭蹭换好救生衣站在船舷刚要往下跳，就看见Sun身体旁边慢慢散出白花花的面包絮，泡烂了的面包在她身边围成一个圈，好似海妖出洞，蔚为奇观。

从此以后，Sun在这个岛上一举成名，所有人见到我们都认识，一边大声问好，一边用眼神仔仔细细地观摩Sun。

过来人经验
PERSONAL EXPERIENCES

赵传：每天吃的餐点虽然花样不少，但是80%都是相同的。也很少能看到螃蟹、大虾等高级海鲜。所以抓住"每日特色餐"就是尝新鲜的要点了！餐厅进门处有个毫不起眼的桌台，就是这里每天都有翻新的花样。

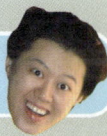

Remy：甜点很全，大爱、最爱、挚爱。

奇奇：不要穿泳衣去餐厅。

Sun：吃饭的时候，会有GO过来跟你聊天，问问岛上的感受。如果不想回答、或者GO不够帅，可以拒绝他。

泳池免费提供排球

L'Iru Bar里养精蓄锐的Sun

去马尔代夫要自带矿泉水？别扯了！

游泳池边的落日酒吧全天免费供应各种酒水

人在度假的时候，嘴巴就是闲不住，只想这里吃吃那里喝喝，还有漫无目的地嚼着坚果发呆。

泳池旁边的落日酒吧就提供各种酒水。通常岛上的游客喜欢在这里看看日落喝喝啤酒，一边聊天一边看着夕阳把天空和大海染成紫红色，真是感觉很浪漫。等到天色完全黑下来，酒吧旁边会点起篝火，每天都有不同的主题派对。

落日酒吧的酒水有几十种，但Remy只爱健怡可乐，处女座的人就是这样，度假时也不肯放松对身材的要求。赵传跟奇奇和Sun打赌，看这两个人能不能在一天之内把每种酒水都尝一遍。迎着徐徐的海风，奇奇和Sun心中升起大侠般的豪迈心境，毫不犹豫地接受挑战。开始是坐在酒吧椅子上喝，后来喝到肚子鼓起来坐也坐不住，改成半躺在沙滩上喝，脑袋晕晕乎乎，后来泡在泳池里喝。泳池通常是不许带饮食进入的，不过酒吧服务员看得有趣，也在旁边加油呐喊，还很殷勤地把果汁、酒水源源不断地送到泳池边来供两人享用。

后来的结局倒是简单，奇奇和Sun喝醉被车子运回房屋，Remy和赵传后来告诉她们说，酒吧的人那天新发明的饮料比历史上加起来都多。

沙滩酒吧后来变成我们常去的地方之一。早晨坐在沙滩酒吧里，吃着精致的小点心，向海上望去，当太阳钻出云层，阳光洒向海面，海面反射出耀眼的光芒，真正的蓝天碧海就呈现在我们眼前。一直在杂志上才能看到的这幅景象这不就在眼前：白色的沙滩，碧蓝的大海泛着波浪，阳光金灿灿的。

过来人经验
PERSONAL EXPERIENCES

赵传：在这里照相颜色特别鲜艳，一定不要错过。

Remy：沙滩酒吧基本上是全天开放的，有饮料和小点心。

奇奇：穿性感一点，你的饮料会被特别增加小装饰。

Sun：晚上这里有篝火晚会，还有非常多好玩的游戏。

服务生Zuba带着Sun去看神秘生物

水上屋前有长长的栈桥

水上屋的视野挺不错

偷营水上屋，刺激的野潜

卡尼岛大概可以同时容纳200~300个游客居住，但是不晓得为什么，在岛上一般也碰不到其他游客，好像私人海滩一样。无所事事地闲逛，溜达到水上屋时Remy无比羡慕，好想去住一晚。不过想起每天要多花好几百银子，还是忍忍决定不住。这里的水上屋很有风情，和原来见过的其他水上屋不同，每栋房子距离隔得很远，一眼望去都是宽宽的、清澈的水面，感觉特别舒畅。每个水上屋下都住着扁扁的魔鬼鱼，还有小鲨鱼。这种鲨鱼不会咬人，被叫做"baby shark"，名字可爱得很。据说水上屋内有直通海面的梯子，几个人没钱进去享受，就想找一家溜进去参观参观。

这种事向来都是Sun打头阵、奇奇敲边鼓，两人偷偷摸摸四处听墙根时，老远过来一个服务生，穿着笔挺笔挺的中山服，直直地骑着自行车过来，看到Sun一下扔了自行车跳过来，冲几个做贼心虚的人打着手势。

"完了，现场被擒。"几个人一脸"慷慨赴死"的表情，互相坚定地看了一眼，决定绝不承认是想溜门撬锁。

"你们想进去看吗？"

"不想不想，我们是来拍照的。"赵传的头惊慌地摇晃，死不承认。

服务生一脸惋惜地看着我们，"No，No，No，"又叹了一口气，拉了Sun的手臂就往前走，我们三个只好跟着。

"你要带我们去哪儿啊？"赵传哇哇地抗议起来。

服务生也不答话，打开间房门推我们进去："一定要看看。"他指着自己的胸牌说，"我叫Zuba，这里的服务生，我带你们参观这里。"Zuba很以这里为傲。

"这里的水上屋可是最好的，有全海景浴缸。"

这个水上屋果然比我们住的沙滩房更好。全海景浴缸、直接入海的后梯，以及一小片专属海域。

"你们难道不照相吗？这么好的浴缸。"

"我们不喜欢浴缸，我们喜欢鱼，fish，fish。"赵传不想和浴缸合影，只好这么回复。

"噢，原来你们喜欢鱼。"Zuba一本正经的脸上泛起高兴的笑容，"晚上我会在这里喂鱼，很多很多，你们来看吧！"

吃完晚饭，我们就来赴约，能和当地人玩耍，那是旅途中的幸事。马尔代夫的8月无论何时都是很暖和的，晚上也只穿吊带即可。夜风微拂，头发丝从耳边飞过，感觉真是惬意极了。还是在水上屋的栈桥边，遇到脸上冷冰冰的Zuba，他看到我们一下笑了起来："我还担心你们不来看我喂鱼了。"这才注意到Zuba脚下的水里已经围满了大鱼，因栈桥边有灯光照向海面，鱼的阴影拉得很长。

"啊，好大的鱼！"Sun赞叹。

"我把它们从小养大，每天我都在这里喂它们。"Zuba说这句话时深情无限。

"真好啊！"Remy欣赏地说。

"对，这些都是我的朋友。"

我们看着鱼群和Zuba的身影，感觉天人合一，无限敬仰。

Zuba深情款款地说完转过头来，忽然很认真地看着Sun说："你想吃它们吗？我可以捞起来煮给你吃。"

Sun不能接受这么快的情绪变化，张着大嘴愣在原地，和Zuba又认真又深情的表情搭得当，精彩万分。

夜晚的星星特别好看，用繁星似锦来形容真是一点不过，在城市里从来没有见过这么吸引人的夜空。天空从边缘向中心颜色越来越深，穹顶的天空是极深极纯的深蓝色，中间的星星就像一大片钻石撒在绒布上，放出璀璨的光芒，好像很高很高，又像伸手就能摸到。任何人看到这种美景，都会不自觉地伸出手来想触摸那夜空。我们躺在栈桥上，向天空抬着手，一笔一笔地描画着自己的星座，如坠梦中。

第二天一早，Zuba居然在房间外等我们："我知道有个地方可以潜水摸到鲨鱼和贝壳，你们要去吗？"Sun跳起来喊着"要去，要去。"

"下午才可以，我2点来找你们。"看我们高兴，Zuba心满意足地离开，看背影好像欢乐得一跳一跳的。

Zuba走后，Remy却觉得心里忐忑："怎么会这么热情啊，居然找到我们的房间？"

"咱们打电话问问前台吧，这是不是一项服务啊。"赵传心思细腻。前台回复得也干脆："无此服务，是否前去请自己决定。"

Sun在游玩方面是很有冒险精神的，越摸不着边的事越喜欢，抱着潜水眼镜就跟着Zuba去了，我们跟在后面。没想到反而是背着码头的方向，横穿过岛屿，一片满是石头的海滩展现在眼前。Zuba指着前面："就是这里。"

"不用出海吗？"

"这里都是海，都是出海。"

跟外国人简直无法沟通！Remy哭笑不得。

"脱衣服，穿好鞋，跟我来。"在这里潜水一定要穿潜水鞋，有袜子的也最好穿上。鞋子可以防止珊瑚碎扎脚，穿袜子则可以防止沙子进鞋磨脚。我们还在比基尼外穿了长袖薄衣，因为在海滨很容易就会被晒伤，穿上薄薄的长袖服装可以保护肩部、背部以及手臂。这样的"野潜"也是很好玩的，海水很浅，半蹲在水里，水刚好没过头顶。顺着海浪半蹲着前行，就能看到很多鱼。

随便找个海滩就能下水，我们心里对这个找上门来的特殊服务心存怀疑，一直坠在后面。Sun却早就和Zuba混成了最好最好的朋友，两个人手牵手往大海深处走去，状如殉情男女，我们在后面感叹不已。

从没想到这么普通的一片海水下面有如此绚烂的世界。海水很浅，只到腰部，我们半蹲、哈着腰把头埋进水里，手脚并用地在水里行进，用不了一会就看见各色鱼在面前游来游去。虽说不像正式浮潜那样能看到那么多海葵、龙虾，但这里却野味十足，因为水浅可以脚蹬着地追逐鱼群，别有一番趣味。

一个岛屿部位不同，通常海水状况也不一样。能一眼看到洁白细腻沙子的，适合游泳、拍照；脚下都是碎石的，适合野潜；有风浪的，适合冲浪。

过来人经验
PERSONAL EXPERIENCES

赵传：防晒衣服是必需的，找面料薄、颜色浅、长袖的服装即可。房间里有救生衣，野潜要穿好。

Remy：几天的接触下来，感觉服务人员是比较可信的。而且他们很喜欢带着游客玩，能借此发现不少好玩的隐秘之地。另外，要找有救生员的海滩，不要走得太深。

奇奇：野潜要从石头比较多的海岸下水，全是细沙的海滩鱼很少。

Sun：我早就说过不要那么大戒心，她们都不信，最后还是跟着人家玩得最高兴。

L'Iru Bar里，Sun和GO Suna一起玩闹

用水下相机随手拍下Sun的倩影

浮潜，岛上最好玩的活动

我们最爱的活动就是浮潜，卡尼岛浮潜是免费的，而且每次潜水地都不同，这让我们每次都舍不得落下。恨不得每天出海两次去体会大海的魅力。浮潜没有什么危险，不会游泳的人一样可以玩，穿上救生衣，把头埋在水里就可以看到奇幻般的海洋世界。我们去过的浮潜地至少也有个五六处，如泰国的苏梅岛、中国海南的蜈支洲岛等，但感觉马尔代夫的海是最美的。

吃过早餐，我们一群人走到码头，排队领潜水用具。岛上负责潜水的GO各个身材出众，皮肤黝黑，笑起来露出一口白牙，特别动人。我们三个走在前面，大家都拿了鲜艳的脚蹼。呼吸管和潜水镜都是自己买了带来的，唯独脚蹼需要领用，同样是免费。我们刚领完就听见后面有争执声。

"我不要黑的脚蹼。" Sun说。

GO动也不动，雕像般地拿着黑脚蹼慢慢举到Sun鼻子下面。

"请问，您能听懂英文吗？" Sun小心翼翼地问。GO马上点点头。

"不要黑色，我要鲜——艳——的！" Sun指着我们手里的脚蹼。Remy马上配合地举起来晃一晃。

"黑色不好看吗？" GO黑黝黝的脸上居然显出一丝失望。真不知道是什么风俗。

"黄的、红的、荧光的。" Sun有点怒，两只手指来指去，最后点着自己鼻子说："姑娘，美的，要配好看的。"

GO一脸失望，指着自己的肤色，忽然大叫："噢，老天，她不喜欢黑色。我就是黑色的，她也不喜欢我。"

全码头寂静无声，所有人都看着Sun，仿佛她辜负了这世界上最最真诚的求婚。

Sun忽然暴露于众目睽睽之下，百年一遇地不知所措。

GO别过头，把脚蹼叭地扔回鞋箱里，哀切地说："你自己挑吧！"

Sun搓搓手，向我们投来嫁鸡随鸡、嫁狗随狗似的目光，默默地拎起黑色脚蹼垂头丧气地追过来。

GO哈哈大笑，对他的同事大喊："她们四人不喜欢黑色。她们太白了，需要颜色，一会儿要把她们丢进大海，一定要她们晒黑才可以回国。"

后来我们知道，这个GO叫做Suna，后面的日子里，他一直陪着我们玩。

过来人经验 | PERSONAL EXPERIENCES

赵传：岛上都免费提供潜水眼镜、吸管、脚蹼及救生衣。出于卫生考虑，还是建议自带吸管、眼镜、潜水鞋(可以用凉鞋代替)、潜水袜(可以用棉袜代替)一般的总价格200~300元搞定。

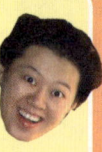

Remy：海水的颜色是由水下不同状况造成的，黑的就是水草带，浅蓝的是白沙带，发黄或者发绿的是珊瑚带，深蓝色的则表示那里的水很深。

奇奇：我第一次在泰国潜水时没带呼吸管，眼睁睁地看着服务员从船舱中拖出一个脏兮兮的蓝色塑料箱，几十条湿淋淋的呼吸管死鱼一样堆在其中。服务员友善有加，让我先随意挑选。我怀抱一丝幻想问："请问，是不是消过毒？"服务员大点其头："当然，我还可以再帮你消一次。"随手抓起一个呼吸管在海里涮了一下。我最后只好闭着眼睛把呼吸管塞到嘴里，但从那以后再去海边我都自己带着。

Sun：马尔代夫海里的鱼只吃肉，不吃面包。偷了面包也不能吸引鱼，这点很奇特，和泰国、海南等海域完全不同。在码头边也偶尔有没出息的鱼，它们吃面包。

浮潜有个特别需要注意的事，因为要集体乘船出海，所以会遇到比较多的人，一定要注意出门前检查好比基尼部位，尤其是各处"线头"该剪要剪掉，不然很尴尬。如此美景，傻子才坐在船舱里，我们跳到驾驶室前的甲板上，无敌海景扑面而来，真是爽得可以。经过大约半个小时的航行，就到达了目的海，海水平静极了、清澈极了，很多鱼在游来游去。第一次在远海浮潜多少有些害怕，要说的是：潜水要冷静，从快艇上往下蹦会有点儿害怕，但是一定要冷静。呼吸管用牙齿咬住，嘴皮包住外侧，仅用口腔呼吸。如果呼吸管进水只要使劲向外吹气就行了。

如果说马尔代夫的蓝天碧海、水清沙白是天堂的话，那么现在我们看到的就是另外一个水下天堂：各种颜色艳丽的小鱼在游来游去，各种形状的珊瑚在阳光的照射下也是色彩斑斓，那些小鱼好像不怕人一样，只要你静止一会儿它们就会在你身边游来游去，当你想要摸摸它们的时候，它们又很快地游开了。我们就像在一个巨大的水族箱里面一样，海水是那样的清澈，小鱼就在你眼前游来游去，我拿着相机猛劲地拍，平时都是在《动物世界》才能看到的景象，今天却置身其中。

建议 | SUGGESTIONS

1. 不要踩踏海水中的珊瑚：有些珊瑚几乎快长出水面了，浮潜时千万不要触摸踩踏，这些珊瑚都是活的，触摸和踩踏很容易破坏它们的生长。
2. 浮潜期间不要脱掉救生衣：千万不要觉得自己游泳技术高超而在浮潜期间脱掉救生衣，这是非常危险的，一定要确保安全第一。
3. 不要因害怕而错过欣赏天然的水族箱：GO会保证每位游客的安全，再加上救生衣，就算不太会游泳的人也是没问题的。
4. 第一次浮潜要经过游泳测试：为了确保游客安全，第一次浮潜前需要进行简单的游泳测试。
5. 防水相机是一定要的。如果泳技不是很好的话，可以找GO帮忙拍照。
6. 浮潜时要注意GO的信号哨声：浮潜前GO会告诉大家信号哨声的含义，要注意倾听哨声。

注意事项 | ATTENTION

卡尼岛浮潜每天有2次，上午9:30和下午14:30各一次，每次下海浮潜时间都是45分钟。如果是第一次浮潜，需要经过一个简单的游泳测试，通过测试方可下船。测试就是穿上救生衣在规定区域游一个来回，不是很远的距离。浮潜是免费的。浮潜的潜水镜、呼吸管和脚蹼可以自备，也可租用岛上提供的。

浮潜装备大盘点

潜水镜、呼吸管、脚蹼是必备的，要是想在海边浮潜最好带上一双不怕水的凉鞋。凉鞋一定要那种系上鞋带的，这样在水里走的时候不会扎脚，也可以买一双专业的潜水鞋。

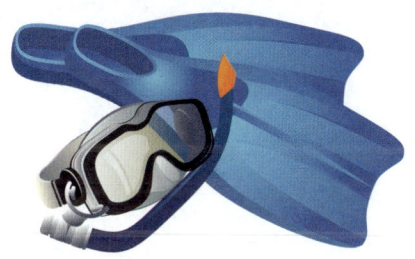

Remy浮潜遭遇"外星鱼"

乌龙英文

奇奇和赵传英文都很气人，而Sun是从瑞士留学回来的大硕士，还在那边谈过恋爱，号称英文无比好，就算赶不上母语，那也是教授水平。再加上Remy正在北外进修英文专业，也是相当有信心。

赵传说要好好练一练英语，绝对不许有人帮忙，一定要亲自交流。早上想吃荷包蛋，跑去找厨师定制。那边的饮食习惯是把蛋白蛋清搅在一起在锅里翻炒，赵传只会说egg，大厨就给她拿炒鸡蛋。她求救似的望着我们，大家却乐得见她给大厨出肢体语言智力题。

赵传的胸部不是荷包蛋，无法指着自己的胸部做例子，只好像演话剧一样比画。右手虚捏好像拿一个蛋，在旁边假装一磕，然后两手假装拿住鸡蛋两端分开，十分夸张地在头顶画了个大弧向两边张开，嘴里发出"滋滋"这样的油煎声。

大厨十分精明，马上就知道是煎鸡蛋，哈哈地笑着点头。

Remy喊，我要两面煎的。

"两面，两面……"赵传无奈地念叨，伸手在自己脸颊上拍了两下，说："two face。"

大厨神灵附体，马上明白，纠正道："two side（两面）。"

Sun一本正经地夸奖她："双脸蛋味道不错。"赵传得意道："那是当然。"

大厨不仅神灵附体，更能记住每个客人的喜好，早上见到你就会送上你最爱吃的美食。昨天的面包、今天的煎蛋都让大厨对赵传情有独钟，每次都会留下最好的食物给她。

受了双脸蛋影响，再有英文交流时刻，我们都会让留洋硕士Sun出马。

如何用肢体语言表达鲸鱼

在马尔代夫，每天我们都会去潜水，有时每天会去两次。海岛也十分体贴，每次潜水的地点都是不同的，这样可以看到不同的海洋动物。潜水同样不花钱、不限次数。不会游泳的人也可以参加，真是一项有趣的活动。

Suna自从在码头向Sun表达"爱意"以后，就会带我们在他船上照

餐厅经理拿上新鲜的吞拿鱼肉，带我们去喂鲨鱼

应。今天也是一样，Suna站在船头，只看肩部以上那是威风凛凛，可惜上身没穿衣服，短裤又只提到屁股沟，大煞风景。Suna的特色就是如此，每天的短裤都是要露出一半屁股沟来，背影杀人，性感异常。

线路和以往又是不同，看见海豚跳跃，Sun兴奋异常，转头问我们："你们说，能看见鲸鱼吗？"有时候想想Sun真是很呆，潜水的地方怎么可能有鲸鱼，这种话也能问得出来，所以感到有点儿悲哀。见无人理会，Sun就去求助Suna，又不晓得鲸鱼怎么说，伸出个拳头拿到Suna面前晃晃，右手指着拳头说，"大鱼，贼死已死大鱼。"然后手指模拟鲸鱼喷水，先在拳头背上往左边画了个小弧，边画边拟声"pu-zzzzz"，又画了右边半个小弧线再喊"pu-zzzzz"。全船人笑得不行。

来前Remy查资料，搜索美食，得出一个结论：海鲜烧烤必吃。Sun很喜欢秀英文，又喜欢吃东西，回到岸边就探头探脑地找海鲜烧烤。Remy是美食家，和Sun做伴寻找。我们四人在岛上溜溜达达，一边闲逛一边找烧烤的地方，一路发现不计其数的成熟椰子堆在树下。这里的椰子和超市里卖的不一样,也就香瓜大小,两头有点尖,活像个橄榄球。赵传不肯放过一地的美食,找了个收拾花草的服务员,帮着一刀砍开,仰头喝到嘴里,眯着眼赞叹:"太美啦!"服务员看奇奇和Sun咽口水,手起刀落又砍了三个椰子递过来。Remy对不确定的事物总是抱有十二分的怀疑,这次也不例外。服务员殷切的目光投向她,她又实在不好意思驳人家的面子,只好眼一闭心一横往嘴里倒,面部大有"壮士一去不复返"的悲壮表情。汁液一入口,表情就如漫画般转变了,转眼间漫天飞花,满意地大喊:"太清香了!"喝完深情地望着服务员,有如情人般楚楚动人。后来我们给了服务员1美元的小费。好多岛屿每瓶水要3美元,算起来喝椰子可便宜多了。Remy是算盘精,对这笔花销非常满意。

喝完原生态椰子汁,Sun继续找海鲜烧烤大餐。在海边正好遇到餐厅经理,他们饭点上班,其余时间就在岛上休闲。Sun跑过去问烧烤,为了显示不凡的英文功力,Sun这次没有再用肢体语言。

"嗯,火,一把火。"Sun说,然后用询问的目光看着经理。经理点点头,表示懂得。

"上面有鱼,还有贝壳。"Sun看见交流奏效,大受鼓舞,继续说,"然后,翻来翻去。"一边双手合十翻来翻去地模拟烤鱼。

看经理呆在原地苦苦思索,Sun赶紧追加说明,"冒烟,鱼的尸体,翻滚。"身体鳗鱼般扭来扭去。

经理若有所悟:"我明白了,我们这里不可以炸鱼,要保护生态,一个贝壳都不可以带走。"

Remy实在听不下去,从来不明白烧烤需要这么多口水才能解释,在旁边冷静地插嘴:"BBQ。"

海鲜烧烤,比想象中的还要好。为了感谢我们放弃炸鱼的念头,经理还特别送上两瓶白葡萄酒。他绅士般地指着一瓶的年份问我们是否满意,刚开了一瓶,早餐的面包厨师忽然看见赵传,一定是想起赵传说"我饿"时的表情,赶紧跑过来说:"这个女孩,一个不够,要再来一份。很好,很高兴,多吃多吃。"然后"嘭"的一声再开一瓶。

过来人经验
PERSONAL EXPERIENCES

赵传:语言不是障碍,岛上GO特别喜欢英文很差的同学,按他们的话说:"交流是种神秘的乐趣。"

Remy:没有必要自带饮食,小零食也没有必要。因为全天都在潜水、出海、喝鸡尾酒,没有什么时间吃零食。不过岛上没有卖零食的,如果你是零食狂,那就带一些。

奇奇:海鲜的种类比较少,只有鱼生合口味。

Sun:健身房那儿有矿泉水和洗好的苹果,这是我的独家发现啊。

玩香蕉船,送我们下水的GO很爱也很会抢镜头

排球一战,Sun惨败,无力地跪倒在沙滩上

香蕉船和沙滩排球

这天我们正玩野潜，忽然听见海面有人大喊："啊哈，你们是谁？到我的王国来了吗？"抬头一看，一个人正趴在冲浪板上游回来。海浪盛开在冲浪板旁边，气势无敌。

Sun听见喊声从水中站起，来人被她又白又胖的身材深深震撼，虎躯一震说："啊，大白鲨！"Sun不甘示弱："那你就是大黑鲨！"

我们也想玩冲浪，叫了大黑鲨来当教练。大黑鲨听了我们的意图，一改嬉皮笑脸，很严肃地说："不要去，你们去，会死。"

"会死吗？"

"会死。"

我们都胆小，听完这两个字马上放弃冲浪的想法。大黑鲨却马上又说："那真是太美了，我冲到一个浪中心，四面都是水，旁边有海豚跳着。我的人生从来没有那么美妙。"

"⋯⋯"我们四个齐齐大叫失望，"这么美，我们也一定要去！"

"带你们去另一个天堂！"大黑鲨站起来拍拍手走在前面。

我们亦步亦趋地跟着："在哪里？"

"香蕉船。"大黑鲨说，"安全，适合你们的小天堂。"

香蕉船因为黄黄的颜色、弯弯的形状似香蕉而得名。整个船体长而轻便，用黄色硬塑料制成，每条可以一前一后坐两个人，用来在近海滑行是最棒的。

Sun跑去从沙滩上拉船，旁边走来两个GO，在这里可以玩到香蕉船、帆船以及沙滩排球。所有玩具都可以随时领用。领用站旁边是个面海的全玻璃健身房，这两个GO除了替客人登记以外，成天泡在健身房里，身材性感非凡，浑身肌肉，十分有型。一个全身黝黑的尤其壮硕，身高大约一米九，六块腹肌十分明显，蜂腰虎背仿佛机械战警。他看见Sun肥硕的身材就赶紧走过来，用欣赏情人般的眼神呆呆地看着Sun。通常人表示性感时，常常用双手比画一个葫芦型的曲线，同时发出赞叹声。这位GO不同，他直勾勾地看着Sun，双手比画出个圆圆的球形，嘴里啧啧有声："w-o-w，太性感啦！"我们乐得跌过去又翻回来。

Sun白了我们一眼，表示对刚才的赞赏欣然接受："我是Sun，你好，你叫什么？"

"机械战警"一脸受宠若惊："我是Bobo。"居然是如此卡通的名字。Bobo喜欢Sun的身材，特别挑了好看的香蕉船给她搭乘。服务也更加贴心，等我们上船坐好，他才温柔地把船推下海。

Sun和"机械战警"Bobo

玩水上活动,别忘带防晒装备

香蕉船看起来轻便,刚上手时却不是那么好操作。我和赵传一个船,刚刚还是向着大海驶去,没划两下不知道怎么就改了方向,直线冲上海滩,搁浅了。

Bobo刚把我们送出海,转眼之间,看我俩已经回到原地,待在沙滩上动弹不得,不由得哈哈大笑,赶紧帮我们调转船头,诚恳地看着我们,伸出一只手指向大海方向:"那边,景色比较好。"

划着香蕉船可以看到大为不同的景色,马尔代夫的海有很多种色彩,划船经过每一种色彩时你才知道这里面的秘密。浅蓝色的海下是洁白的沙滩,绿色、紫色的海水下是长长的水草,发黄的海水下则是礁石。无论哪里海水都是透明的,如同玻璃一般,阳光打下来,在海底沙滩上留下菱形的光斑,一波一波温柔荡漾。在海草间小鱼最多,色彩斑斓、目不暇接。

也有一点不好的,阳光暴晒,若不是早有准备穿着防晒衣服,胳膊、肩膀必定惨不忍睹。就是如此也是各个满脸冒油,状如女鬼。

沙滩排球最是减肥,Sun拼着性感身材不要,也要试一试。Remy已经晒晕,龇牙咧嘴地到一旁的沙滩椅坐下休息。球场旁椰树成排,树下尽是舒适阴凉和软平平的沙滩椅。Remy一坐下,居然享受到女皇般的待遇,马上走过来两个服务员献上鲜木瓜和草莓串,Remy吃得摇头晃脑,一扫疲倦状。

奇奇和赵传就没那么幸运了,被逼陪着Sun玩排球。

"热死啦,我不要玩排球。"赵传受不了了,抱怨着。

"打吧,还可以照相!"Sun强迫不成就利诱。

赵传一听两眼放光:"倒也是。"一下跳到一边大喊:"奇奇,你帮我照相。"

抱着球放到地下,然后趴倒,做了个伏地救球的动作。

Sun见排球比赛转眼变成了排球照相姿势大比拼,愤愤不平:"一点也不像抢球的,我看像垂死挣扎。"

"好吧,陪你玩!"赵传"死鱼翻身",站起来拍拍身上的沙子,决定陪Sun玩一会。"我发球",赵传说完,一下拍出球。

Sun的人品就是这么好,顺着球就是一片海风。排球乘着海风越飞越远,Sun在大太阳底下追出去。我们眼睁睁地看着排球掉入大海,她也一个救球动作,嘴巴贴着沙滩搓出老远。Bobo老远看到哈哈大笑。

过来人经验
PERSONAL EXPERIENCES

赵传:通常帆船需要提早预订,不然很难等到。其他游戏项目随时都有。

Remy:记得穿防晒衣服。

Sun:香蕉船不易翻,可以带相机照相。

每晚用餐都有不同主题，"航海之夜"我们吃的是龙虾大餐

"法国之夜"，甜品是重点

凌晨1点前不要睡觉，晚上也精彩

去之前，看见网上很多帖子都说到晚上就早早入睡，那可真是错过了最精彩的时刻。白天这里是无敌海景，是水下神秘世界，是舒爽海风，是懒散时光；夜里这里是狂欢节，是篝火晚会，是游戏中心，也是多国外教英语培训班……

这天Sun正在泳池边上喝第101杯椰子汁，泰国籍的游泳池救生员忽然向Sun走过来。Sun来马尔代夫前刚刚从柬埔寨回来，晒得黝黑。

"亲爱的，"他过来先给Sun一个大大的拥抱，"你是从泰国来的吗？"

"不是……"Sun被抱得莫名其妙、七荤八素。

"那为什么肤色这么性感？"他一脸赞扬地看着Sun。

"噢，还有这么多好朋友，你们都是从哪里来的？"他亲亲热热地挽着Sun，显然才刚刚发现我们的存在，"和我妹妹来自一个地方吗？"

"我们从中国来。"赵传指指Sun，"不过，她——你妹妹，没准是泰国人，哈哈！"

"当然了，我知道，我早就看出来了。"他甜甜蜜蜜地冲着Sun笑，"我的妹妹。"

据说，岛上有来自不同国家的GO，会接待来自不同国度的游客。Sun这个肤色居然受到泰国GO追捧，真是让我们始料未及。

"Suna，今天的晚会我妹妹会参加演出吗？"他扭过头看着Suna。

"当然啦，我正要邀请她们。"Suna一副还用你说的表情。

"什么演出？"我们马上激动起来，"我们也可以去看吗？"岛上每天都有不同的节目，大多数互动性很强，会让游客也融入整个岛屿大家庭中。居然有机会参与今晚的演出，真让人惊喜不已。

Remy处女精神发作，担忧地问："需要唱歌吗？我可不会。"

Suna的头摇得像拨浪鼓："不用，不用。"

"要跳舞吗？"

Suna一脸"你们想得也太复杂了"的表情："不用，不用。"

"那需要猜谜语吗？"

"不用，不用。"Suna抓住Remy的肩膀前后摇了一下，盯着她的眼睛说："不用不用，只需要沿着沙滩过去，就可以了。"Suna的微笑诚恳得像个孩子。

我们都是窝里横的孩子，很少在大庭广众下做什么动作，又想参与又怕出头露面。反反复复问了Suna，他一再保证这是很简单的参与，只需要从沙滩过去。我们才放下心来，大着胆子决定参与一把。

Sun的哥哥不知道从哪里找了一堆花环，给我们一人戴了一个，兴奋地喊着：

体贴的GO沿沙滩游走，随时为游客奉上水果盘

"美丽的姑娘，我的妹妹……"后面走调成了泰国味。

我们每人戴着一个花环，不知怎么的气氛就平添了一些隆重。奇奇感觉心里隐隐有些压力，好像晚上不会这么简单。

不容多想，天色就暗了下来。Suna带着我们走向海滩。

一个穿白色麻质休闲西服的人，用敬佩的眼光看着我们说："勇敢，欢迎你们，谢谢你们。"我们不知道沿着沙滩走有什么需要勇敢的。

在水边又见到了Bobo。"是你们！我就知道是你们！你们是这里最美的天使。"Bobo兴奋地大叫。

听到这种赞扬，我们也高兴得很："是我们，Bobo你好，一会儿我们会一起走过去吗？"奇奇趁机打探一下消息。

"是的，我们会从这里过去。"Bobo拿手指着大海方向，画了长长的一道线。

我们四个一阵心惊，从大海上蹚过去？糟糕啊，刚才没问要不要游泳。

Sun什么也不怕，安慰我们："怎么也是玩一趟，拼了吧！"

出来玩要玩到视死如归还真是可悲得很。我们心里忐忑不安，好在Suna这个鱼一般的人在身边，也没什么好怕的。

等了一会儿，天就全黑了，沙滩上面对面都看不太清楚。星星在天空中闪烁着摄人的光芒。

"脱下鞋，我们要出发了。"Bobo说。

Remy一边脱鞋一边说："这么黑，一会怎么找鞋啊？"典型的舍命不舍财。

Sun的声音从耳边传来，往往这时候Sun都会语出惊人，这次也一样："没事！可以看北斗七星啊！"

118 马尔代夫旅行随身书

看北斗七星找鞋这种话只有Sun说得出来，我们不约而同寻声打去，听见Sun惨叫："哎哟！又都打我。"心里却都满意无比。

海上还有反光，看见Bobo不知道从哪儿拖来一条帆船，冲我们喊："快上来！"

我们想不到居然还有这一出，本以为要蹚水过去，谁知道居然要坐帆船。浑身肌肉、黝黑无比的Bobo在前面拖着帆船，我们四个在船上或坐或站，沿着海岸边，冲着落日酒吧前的空地进发。Bobo是大力神，船行进得很快，我们只觉得身在梦中，风从耳边拂过，涛声阵阵。黑黑的环境中，突然出现一片光明。沙滩空场上腾起一堆篝火，火光映照下是全岛的游客，都在等待海边的惊喜发生。这时我们才恍然大悟，原来自己就是惊喜。

居然有机会扮演海的女儿，Remy赶紧拍拍我："呀！好大阵势，快看我的发型好不好？"

现在这种状况，哪还有时间看她，我们接连发出"哇……哇噻……"的惊叹声。心里感觉受宠若惊，焦点人物耶！

沙滩上的人群也是没有想到惊喜会从漆黑一片的海上来，爆出一阵掌声。当时是怎么走到沙滩上的已经不记得了，头脑一阵晕眩就跟着Bobo上了岸。接下来是情理之中的盛大舞会，全岛服务生扮成各种动物围着我们跳舞，作为盛会的最中心，我们被迫毫无章法地乱扭，顺手在心里把Suna骂了一百遍。奇奇扭脸眼见赵传手舞足蹈学熊跳舞，一边咬牙切齿，一边心中大乐。不会跳舞，此时此刻在欢乐的海洋中又不得不跳，几个人只能自我催眠："我不是我，我是海的女儿，我是海神，我是海神……"居然收到奇效，不是越跳越好，只是越跳越不要面子。在人群中穿梭往来，很有点鳗鱼精大闹水晶宫的味道。

音乐停下，四个人重现原形，纷纷从鳗鱼精、龟丞相、虾兵蟹将变身回来。彼此互相望去，心中默默祈祷，希望对方忘了刚才发生的一切。

篝火晚会之后的几天，每当见到服务生，大家都会微笑着打招呼："Hi, dangcing queen！"我们不敢目光相接，Sun却很有脸皮，伸出三个手指按着嘴飞出去一个响亮的吻，飞完了还要盯着对方的眼睛说："舞蹈女王爱你！"

过来人经验
PERSONAL EXPERIENCES

赵传：凌晨1点以前回房间睡觉会遭人"耻笑"。每天都会有不同的活动，海滩篝火晚会大约每周一次，不要错过。

Remy：如果被邀请参加表演，记得请GO帮你照相。我们的没有照下来，现在怪遗憾呢。

奇奇：一定要积极参加游戏，英文不好也没有问题。

Sun：大头虾好吃。

水球比赛,穿红衣服的就是带我们"野潜"的救生员"大白鲨"

游戏一定要参加

除了每晚在酒吧消遣外，隔天还会有不同的沙滩派对。没过几天，我们的队伍已经逐渐壮大成一个"多国部队"，参加各种活动都是人多势众。今天沙滩的核心游戏是钻杆，两个人抬着一根竹竿，需要游戏者配合从杆下通过，要求身体各部位不能碰到横杆，除脚以外的各部位也不能碰到沙滩。竹竿会逐渐降低，能通过最低限度的就是胜利者。因为杆子会降到很低，最后就会考验游戏者之间的配合，需要互相用力拽着借力才能通过。

大家跃跃欲试，互相邀请一同参与。Sun的哥哥这几天一直黏着她，有了做游戏的机会更是不肯放过，跑过来邀请Sun："我们一起去玩这个游戏吧？"

"好！"Sun高兴地回答。

只见泰国哥哥上下打量了Sun的身材半天，又低头看了看自己的细胳膊，无比惋惜地叹了口气："为了我们俩的安全，还是算了吧。"

我们听完哈哈大笑，Sun怒目而视。

赵传和Suna去玩这个游戏，横杆越降越低，轮到Suna钻杆，赵传使劲抓着Suna的手让他借力，无奈身小力单，Suna支持不住，一下背部着地。他咕噜一下滚起来，人已经在横杆另一边，明显是要耍赖假装通过。"过啦！过啦！"Suna假装什么事也没有发生，虚张声势地庆祝。

"你转过身来！"主持人胸有成竹。

Suna扭过身来，黑黑的后背上全是白沙，显然是刚摔在沙滩上时黏了一背。Suna镇定功夫了得，若无其事地带着赵传昂首阔步下场。

这边也是热火朝天，台湾GO和我们正用中文说话，大黑鲨见到特别不高兴，嘟了嘴说："你们不能用我听不懂的话。"扭过头赌气，正看到Suna下场，马上和他用马尔代夫语聊起来，以示报复。Sun

帆船也是免费的，但需要提前预约

的哥哥是个唯恐天下不乱的家伙，遇到这种乱仗，毫不犹豫地加入，用泰国话哇啦哇啦地添乱。眼看局面无法控制，Sun雀跃不已。

奇奇对Sun说："Sun，如果你渴慕真理也像渴慕骚乱这样诚切，你早就成圣人了。"

Sun理直气壮地回答："没有骚乱我就不能生活！我爱这样。"

"没准，那真是你哥哥……"遥望泰国GO发了疯地乱喊泰语歌，我们只能得出这种结论。

乱仗来得也快，去得也快。但是我们没想到它结束于这样几句话。

大黑鲨忽然停下来问："你们几岁了？"

"26岁，都是26岁。"我们回答。

"噢，不可能，你们看起来只有18岁，要满18岁才可以做我们的女朋友。"

"我们都结婚啦！"赵传喊。

"结婚？"大黑鲨惊讶，"不可能！"

"结婚了！"Sun肯定地说。

大黑鲨一脸失落，嗫嚅着说不出话来。忽然像想到什么似的，抓着赵传的手举起来使劲摇晃说："你瞎说，你们没有戒指！"然后咧着大嘴笑起来。

赵传和Sun对望："出来玩没戴戒指。"

"结婚就应该戴戒指，你们撒谎，不过也没关系。"大黑鲨从旁边的椰子树上揪下一片树叶，边说边编起来。也没听懂他后面唠叨什么，就看到他手里的树叶变魔术似的转眼编成了一只草戒指。大黑鲨虔诚地拉过赵传的手："噢，我有戒指，送给你。"然后小心翼翼地帮她戴上。赵传被此绝技震撼，又浪漫又感动，幸福得不行。

过来人经验
PERSONAL EXPERIENCES

赵传：游戏一定要参加，看了好多游记都说晚上岛上很安静可以早早睡，那是因为没找对地方。酒吧附近必定是"各色妖魔鬼怪"出没之所，不可不去。

奇奇：海鲜烧烤中最好吃的就是甜虾，又老又韧的是吞拿鱼。满月岛等提供的海鲜烧烤，每人有限量，不妨先吃甜虾。

Sun：把路边捡到的椰子绿外皮剥掉，用根筷子就可以捅开，这样就能轻而易举地喝到鲜美的椰汁。注意要捅椰子的死穴，就在椰子的"北极圈"附近，仔细观察能看到有个七星瓢虫大的小黑点，对准这里用筷子一扎就开了。

交换海滩拍照心得

随处都是风景

大餐、夜生活

　　Remy总严肃地说要把旅游钱吃回来，Sun对这个言论不以为然。其实，岛上的餐饮总体来说很一般，大多是自助餐，只是就餐环境和自然融为一体，不论吃什么都会觉得很健康。整个餐厅是半露天的，没有空调，头顶上古香古色的电扇带来清清爽爽的凉风。通常的餐点包括西餐、西式快餐、简单的中餐、寿司等简单的日餐以及各式甜点，每餐会有一种比较特别的餐点给人增加新鲜感。有五个橙子才能榨出一杯的100%鲜橙汁，也有生鱼、烤大虾等。

　　一天在大堂门口的提示牌上，标着："法兰西之夜，请各位穿着蓝色、白色或者红色的服装参与派对"。Remy欢呼赞叹，双手对搓："终于有机会把旅费吃回来。"

　　Sun白了她一眼，继续看下去："居然还有泳池瑜伽课程，咱们去参加吗？"

　　"哦，这个时间，恐怕还没有起吧，我看水球比赛比较好。"赵传指指点点。

　　这个提示牌对我们的享乐有很大帮助，它会标明什么时间有什么活动，还有晚间大餐的主题。

　　惦记着法式大餐的Remy，一天过得心神不宁，潜水也不去，排球也不打，专心用意念清空肠胃。总算熬到晚上，我们换好晚礼服溜达到餐厅。服务生做事真是很专心，功夫做得极足，餐厅门口就已感到浓浓的巴黎式浪漫。一个缀满小灯的埃菲尔铁塔立在门口，一人来高，闪闪动人，塔尖到餐厅门口系着长绳，挂满法国旗帜。

　　Remy完全不理会门口的装饰，径直奔向餐台。有时想想真是觉得Remy粗俗，如此浪漫气氛下，怎么就不能装一下高雅呢？！

　　餐点果然没让Remy失望，她眉开眼笑："甜点真不少！"拿着盘子先取了一圈。Sun这天很冷静，一反常态带着相机去拍照。一会儿就气呼呼地回来，拿眼斜瞪着正在俯首大吃的Remy："所有甜点都缺了一角！"砰地把相机拍在桌子上，"都是她拿的，一个完整的都没有了！"

　　Remy稳若泰山岿然不动地品尝甜点，怡然自得，感觉她整个人都陷在甜品的美味中了。

居然照出如此怀旧感的"日历照"

沙子又细又白,黏在身上也不觉得难受

"没出息。"Sun白了她一眼。

让Sun没出息的东西还是出现了。当天的特别餐点是法式鹅肝批，法国大厨挺着大肚子现场制作，鹅肝批放入嘴中一下就化了，香味却能留满口。Sun一次一次去取，大厨很高兴，没有见过这种不怕腻的游客。Sun取了无数次以后，终于有点不好意思，再扭捏着走过去时，大厨高喊："好久不见，我的朋友，过了很多很多秒才见到你，真是想念。"

不止餐饮，当天餐厅也全部按照主题来布置，真不知道这么浩大的工程是怎么在一个下午完成的。桌子全部铺上正红色的拖地桌布，椅子则套上深蓝色的外套，背后系着银白色的蝴蝶结。餐台上用各色谷物拼出法国国旗，服务员也都换上华丽的服装。

戴上高高的帽子，服务生看起来神气了不少，走过来要和我们照相。Sun去拍照，服务生猛吸一口气憋住不放，挺胸鼓肚威武雄壮，我们赶紧配合着簇拥他。Sun废话极多，喊道：

"准备好了吗？……"

"我要照了呀……"

"注意表情……"

"五——四——三——二——"服务生听不懂中文，完全不知道还要憋多久才会按下快门，Sun拉长了声音叫道二时，我就听见旁边噗的泄气声。拍完照看见服务生憋得一脸通红："噢，我没有这么长的气，你们照相的准备时间比海岸线还要长。"

Suna过了一会也来陪我们吃饭，GO会在游客用餐时间来聊聊天以增进感情，但是会远远绕开度蜜月的情侣。因为他们是最需要安静空间的人。

"晚上我会在酒吧等你们。"Suna说。

"晚上我们要睡觉。"奇奇回答，"我们去潜了两次水，很累。"

"不行的。"Suna严肃地摇头，"在这里不能睡这么早。"

"很困，明天我们会去。"赵传解释说。

"不行！不行！"Suna额头上写着"不可思议"几个字，用手指指手表，"11点，我等你们。如果不来，我就去跳海。"

Sun怪眼一翻："你是鱼，跳海就像是回到家一样，我们是不会来的！"

晚上，我们还是去了，决定喝杯饮料就回去睡觉。Suna果然在酒吧门口伸长了脖子等着，一看见我们，就跑过来："要介绍给你们很多朋友。"他搂着Sun的肩膀走向人群，"这个是韩国人；这个是你哥哥。"

泰国哥哥高兴地抱Sun："我的妹妹，你跳舞太邪恶了，我被你迷住了。"

"这个是你们中国人，台湾的；这个是新加坡的朋友；还有这个是马拉西亚人，是餐厅经理，会给你们做好吃的。"Suna介绍得起劲，好像把全岛的GO都召集齐了。餐厅经理我们昨天刚刚认识，在这里见到高兴得很。

岛上人的热情早就有所体验，但是这么多热情的人聚在一起，还是让人感觉很特别。

赵传说："椰子汁，四杯！"

经理摇头："要酒！"

服务生毫不犹豫，完全忽略我们的话，按照经理吩咐端了特别调制的各色鸡尾酒上来。

经理抓住奇奇的手，向周围人介绍："这个，我的女朋友，你们不要妨碍我们。"

Sun大笑："我们都是你的女朋友！"

经理很严肃："你们聊天吧，我要带我的女朋友去二人世界。"

奇奇推了他一下："我想和朋友们一起聊聊。"这么多外国人在一起聊天，是很难得的英文小班包围式授课，可真不想错过。

"我带你去喂鲨鱼！"这句话声音不高，对奇奇却有无敌的诱惑力："在哪儿？在哪儿？在哪儿？"喂鱼就很有意思，更别说是喂鲨鱼了，多刺激啊！

赵传叫："我也要去喂鲨鱼！"

"你待在这儿！"经理被爱情冲昏头脑，硬要二人世界。

"噢，亲爱的，不要离开我们。"Suna抓住赵传坐下。

喂鲨鱼的地方在酒吧背后的法式餐厅，这是岛上唯一收费的地方，晚餐99美元。餐厅悬空建在海上，所有的座位都靠近围栏，围栏下方的海水里有食物和灯光吸引着的成群小鲨鱼。这个时间已经没有游客过来用餐，经理到后厨取了很多吞拿鱼肉，让奇奇一块一块地丢到海里，吸引鲨鱼抢食。

经理一边看奇奇兴致盎然地喂鲨鱼,一边在旁边讲述自己的家庭历史,声情并茂、抑扬顿挫。奇奇喂了一会儿鱼,就停下来听他讲故事,在温暖的灯光下,大海中央,听一个异国男人说家谱真是挺有意思的事情。经理最后说:"我的家庭就是这样的,你要不要嫁给我?"奇奇抱抱他,没说话,心里有点儿感动。经理要了邮箱号码,惆怅地走回酒吧去,那里已经是一片狼藉。

赵传这个"椰子汁女王"已经狂灌无数酒精,Sun就更不用说,喝得双眼发直,用英文胡言乱语,几个GO完全听不懂,居然也能时不时地哈哈大笑,场面混乱又奇特。只有Remy依旧清醒,在一旁慢慢啜着果汁和韩国哥哥聊天。后来问她怎么没喝多,Remy一本正经地回答:"作为一个韩剧迷,遇到韩国帅哥保持神醉心不醉是很重要的,我得多跟他说几句话。"

这一夜,我们三点才回去睡觉。以此类推,以后每天都是凌晨三点才睡。

过来人经验
PERSONAL EXPERIENCES

赵传:每晚都有各种表演,一般大厅前的公告牌会有具体信息预告。

Remy:每天晚餐有不同主题,有时为了增加气氛会请宾客穿不同色彩的服装。

奇奇:这里酒吧的酒水也全免费,甚得我心。

Sun:和服务员搞好关系可以拿到很多鱼肉来喂鲨鱼。遇到不认识的服务员可以诚挚地拉着他的手摇晃,百试百灵。

浮潜时幸运地与海龟邂逅

邂逅海龟

想要见到最美的景色，也是有些窍门的。通常人们只敢在有珊瑚礁的浅水处游动，其实珊瑚礁周边的海谷才是最美的地方。

Suna带我们出海。通常浮潜时几名GO会站在船头看着游客，他们天天在海边，海底景色似乎吸引力不是那么大。这次Suna却破例入海，带着我们浮潜。真是福气，没有他在，真是没有胆量去那么深的海谷。

刚下水时，我们同一般游客一样，在浅浅的珊瑚礁游动看鱼。有些地方的珊瑚礁长得很高，几乎接近水面，这种状况下我们只能从礁石上爬过，肚子上被划得全是道子。Suna不知道有人这么笨的，会在没有水的地方浮潜，叹口气游过来，抓着奇奇的一只手，带着往深海区游。Suna在海里活像一条鱼，不需要呼吸管和脚蹼，只带一个眼镜就可以长时间在海里。他先是从岩石缝里轰出一只五色斑斓的龙虾，又带着我们追一只豚鱼。这种鱼很有意思，一旦害怕就会全身充气，变成一只大球吓唬敌人。追着追着，我们前面这只看起来毫不起眼的小鱼，"砰地"变成一只拳头大的球漂浮水中，两侧的小鳍玩命划水。放过豚鱼，Suna带着我们继续前进，有他在几乎不用自己划水，只需全身放松，跟着他的手指看去就必然有惊喜的发现。

珊瑚礁的外侧是一圈深深的海谷，若是自己前来肯定不敢涉足。海谷看起来幽深无比，上层还有阳光照下，越往下越呈现出深沉的蓝色。我们浮在水面向下看去，就好像飞鸟掠过悬崖，阳光有时会把我们的影子打在悬崖壁上，看起来仿佛梦中来过此地。头埋在海水中可以清晰地听到自己的呼吸声，四周静得不似人间，成群的鱼从我们身体下面掠过，慢动作似的直坠海谷的最深处。海谷中心的蓝色自有一种把人往下吸的魅力，那种感觉仿佛站在万仞高山上向下望，山脚下的地面似乎很远，又似乎很近，又像遥望夜空中的繁星，仿佛伸手就能摸到一样。看了一会就要入迷，快要深深地爱上这里而不能自拔。想起原来看过一个电影，里面讲一个专业深潜员在生命的最后时刻，不带任何设备和海豚一起潜入深海了却一生，此时心里生出无限的理解和羡慕来。

不过Suna显然不愿意我们舍他而去，带着我们继续前行。

五彩斑斓的海底世界

在洋流交汇的地方还有可能看到海龟。据说只有时间对、地点对，还要运气特别好的人才能看到。有时我们很怀疑Suna是不是海底派来的间谍，最神奇的景象总是会被他捕捉到。

奇奇正在低头仔仔细细地看一株粉红色的海葵，忽然感觉Suna摇晃她的手臂，没空理他，眼看着一只小丑鱼游入海葵中，这种景色怎么能放过。

原来Suna这时刚刚发现一只海龟，正慢悠悠地划过，奇奇却丝毫不知这个状况，仍旧低头研究海葵呢。他着急得不行，使劲拉手臂也没有用，干脆一潜到底，仰面朝上地潜到奇奇身体下面的海水中一个劲地眨眼。奇奇吓了一跳，猛然抬头，一只海龟正在面对面地看他们呢。从未如此近距离地观看过海龟。这只很年轻，面目英俊，皮肤很好没有寄生虫，性格又很镇定，在水中就这么停下来相隔10厘米盯着他们。海龟的眼神就好像一个学者半耷拉着眼皮看你一样。奇奇被看得动也不敢动，生怕它跑开，心里好想赶紧叫赵传她们来看。奇奇这时心里想："要用眼神稳住海龟，然后摆出浮尸的姿态漂在水面，赵传她们看见我浮尸状一定会来救我，这样就可以看到海龟了。"计划说起来容易做起来难，单单是用眼神稳住海龟就不知该从何下手。正琢磨不知道海龟喜欢单纯的眼神还是更爱独眼美少女，这只海龟忽然优雅地一个转身，往海里游去了。奇奇急得腾身而起，伸头到海面上用尽力气大喊一声："海龟！"声震四野，紧接着海面上就像新生的笋子般升起一片头颅。多年的默契到底是没有白培养，Sun和赵传对望一眼互相定位，然后二话不说马上把脸放在水里游过来。

Suna永远不会让人失望，他一个口哨，船上的GO纷纷跳下，向这个方向赶过来人鱼般将海龟团团围住。海龟如同飞翔一般，斜斜地转身45度划翔过来，经过时，它还是用半开半闭的眼神看着奇奇，瞧了一会，硬壳的嘴巴缓缓地开闭了几下。

奇奇惊得一下冒出水面："这个海龟认识我，它跟我说话呢！"

Suna无比羡慕地看着奇奇："真的吗？那样会有幸运的事发生！"

"真的啊！会有什么幸运的事情？这是你们的传说吗？"我们始终坚信一切传说都有渊源。如果古老的传说告诉它的子民，见到海龟说话会带来幸运，那就一定会有。

Suna一本正经："幸运的事就是遇见我！"Sun在一旁敲边鼓："还有遇见我，双份的幸运！"

在这种地方一定要带水下相机，赵传为了省钱，来之前在淘宝上买了个相机防水套。其实就是个透明的塑料密封袋，要价200元。

Sun嗤之以鼻："管个屁用，这个要管用还不如拿保鲜膜包上。"

"能一样吗？这个会紧贴在相机上，像这样……"赵传把防水套里面的空气挤出去，"很服帖，这个是相机的内衣。"一副得意的样子。

第二天，穿着内衣的相机下水大展神威，Sun拿着连拍了好几十张，回来告诉我们："今天拍到很多奇景。"Sun就是这个样子，上次看到一棵大葱开花也被她说成是奇葩。

"都有什么？"虽然知道一定是很普通的东西，还是忍不住想问。

"我在水里，看见一根儿鱼。"

"什么叫一根儿？"Remy虚心请教。

"喏，就是细长的一条，身体是一根细线。"Sun拿手比画着，"大概这么长，60厘米吧！"

"那不是带鱼？"

"什么带鱼！"Sun大怒，"带鱼我怎么不认识！这根鱼是真正的异兽，很细的，就像我的小手指这么细。"Sun伸出一个小手指举到赵传眼前，看了一眼又觉得不对，"稍微粗一点儿，像我中指这么粗。"Sun改伸中指放在赵传面前。

赵传也不答话，"啪"的一声拍在Sun的手背上："原来是个流氓鱼。"

Sun也不为所动，继续形容她的异兽："这只鱼看我过来，停在水里不动，让我给它拍照。等拍完，过一会儿又转到我面前，让我再拍。直到我冲它打了个"ok"的手势，它才游走了。"Sun讲得兴奋："缘分啊！"

Sun难得讲一个靠谱的故事，我们也对这根儿鱼大为好奇："快看看照片。"

等到相片倒在电脑里，Sun赶紧打开，照片却都呈现奇异的蓝色，没有任何物体。

"咦，"Sun赶紧看其他照片，"怎么一张都没有？"

"就知道你不靠谱，刚才居然还相信你的鬼话。"赵传说。

"我真的拍到了。" Sun急了，反反复复地看照片。忽然哈的一声叫出来："在这里了！快看快看！"

我们三颗脑袋凑过去，看见影影绰绰的一条在蓝色里，迷迷糊糊完全看不清楚。

"这叫什么？完全看不清楚啊。"

Sun是姓赖的："神鱼呗！"她指指照片，"必须看不清楚，看清楚还有什么意思。"

大家跳起来暴打她一顿。反反复复几次以后，我们才发现想拍水下照片，必须要手稳。海底有暗流，拿着相机拍摄时必须要比在陆地上更稳才能保证画质，不然就会像Sun那样只能拍到一片虚蓝。相机防水套也着实不靠谱，因为水面上下温度不同，防水套和镜头间会出现水雾，拍出来的照片模糊的居多。如果嫌买水下相机太贵，可以配个硬壳的防水壳，密封性、保温性都比防水套要好得多。

过来人经验 | PERSONAL EXPERIENCES

赵传：水下塑料相机套超级不好用，要买就买水下硬壳防水套。

初次浮潜前要经过游泳考试，穿着救生衣游50米就算过关。很多人穿上救生衣就不会游泳了，其实只要放轻松，轻轻划水就行了。

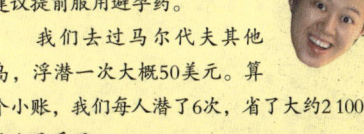

Remy：潜水真是最重要的娱乐，如果可能正赶上生理期，建议提前服用避孕药。

我们去过马尔代夫其他岛，浮潜一次大概50美元。算个小账，我们每人潜了6次，省了大约2 100元人民币呢。

奇奇：如果浮潜地珊瑚长得很高，最好要避开珊瑚岛中央，到外围去浮潜比较好。通常，珊瑚岛外围看起来像万丈深渊，但是，那个景色真是太美妙了。

Sun：水下拍照要注意手一定要稳，还要小心海底暗流，否则会让照片变花。

在海里面遇到魔鬼鱼其实还是挺危险的。GO告诉我们如果遇到魔鬼鱼，一般在它们的身下会比较安全。因为它们的眼睛长在背上，在下面它们看不到，所以会安全。

就要下雨了

行为艺术家奇奇和Sun参观度假村

赵传教你如何穿着Bikini抹防晒霜

下雨

在岛上的日子里,几乎每两天就能遇到一次下雨。这里的雨也挺怪,下雨时天气大多还是晴空,太阳一样的好,就是一片雨云刷刷地下。下雨时潜水也看不见什么,下的时间也不过二三十分钟,通常人们都躲在房间里等到雨停后再出来活动。我们却闲不住,Remy有理论支持:"一天就是好几千,我可不在房间里待着。"

有次雨下起来又大又急,几乎所有的游乐项目都没有开。

Sun喊:"快跑啊,去游泳池避雨啊!"不晓得这都是什么道理,居然要去游泳池避雨。

Sun带头狂跑,我们顶着毛巾在后面猛追。到了游泳池,大家一下跳进去,果然感觉温暖了不少,游泳池里的温度比岸上还要高。游泳池是个无边设计,就是在游泳池里也可以看到大海,好像游泳池没有边缘,游啊游啊就能游进大海的感觉。我们躺在水里,脑袋枕着池边,感觉仿佛在泡温泉。因为视线很低,还能看到雨水打到游泳池的水面上,溅起大大的水花。身处雨中,居然能够感觉到雨云的移动,没过多久雨云就向海面的方向飘去。我们眼睁睁地看着雨就这么离我们而去,心里居然有点舍不得。

> **过来人经验**
> **PERSONAL EXPERIENCES**
>
> 下雨时一切活动都暂停,潜水、香蕉船、水上瑜伽等活动都会被取消。

难得一见的海豚

马上要被我们吃掉的大海鱼

海钓，居然钓到一条带鱼

Sun上辈子是嗜血的恶魔，最爱的就是打猎。这次她的想法也很单纯，就想逮条大鱼合个影，回去显摆显摆。去前台咨询海钓事宜，顺带补了补课。海钓分两种，一种是出海到近海，拿着没有钓竿的渔线在快艇上钓鱼，钓到的鱼都是浮潜时能看到的那些；还有一种比较刺激的就是深海钓鱼，坐快艇到深海区域，拿专业钓竿一起捕鱼，运气好时能逮住一人高的吞拿鱼。Sun听前台介绍时就两眼放光："这个很好，我们喜欢刺激的。"她扭过头来问奇奇："你说咱们能逮个大鱼精吗？西游记里那个鱼精叫什么来着，奔波霸？霸波奔？"

奇奇听着也热血沸腾："对，就去逮鱼精！"

赵传细心："这两种分别多少钱？"

"近海的45美元，深海的每条船600美元，可以坐6个人。"

"那鱼钓回来怎么处理？"Remy一听价格就晕菜了，掰着手指头算算，深海钓鱼每个人还要再出100美元，赶紧给自己找台阶下。

"晚餐可以吃了它，每条鱼的制作费用是30美元。"

"那要真钓上来一条鲸鱼，咱也没法打包啊！各位兄弟，咱们还是去近海钓鱼吧。"Remy到底想想100美元肉疼，干脆体验个近海钓鱼就算糊弄过去。

Sun可不干："反正一条鱼做熟了也得花30，咱还不如钓个大的。"

Sun和Remy两人争执不休，前台也看不下去，赶紧出来打圆场："其实近海钓鱼感觉也不错，深海钓鱼要走很远的路，很容易晕船的。"

最后还是金钱的力量大，我们选了近海钓鱼。

大概10来个人坐着快艇在海上飞驰20分钟左右就到了一片举目不见海岛的水域。海里的鱼都是吃肉的，船员给每个人发了一卷渔线，筷子粗的吊钩挂上一块吞拿鱼肉，告诉我们在船边把渔线放下海大约150米就可以静静地等待了。如果有鱼咬钩，可以感到手上有些异样，然后猛地提起，就可以抓到鱼。

大家围着快艇坐了一圈，Sun念叨起来："笨死啦！非要坐这边，太阳这么大，脸都烤熟了。"通常会选择在傍晚时出海钓鱼就是为了防止被阳光晒伤，还要最好挑背阴一边。好在我们都戴了帽子，再加上低着头全神贯注地看海面动静，晒得也不是太厉害。

每块鱼饵都有红烧肉块大小，这让我们浮想联翩，说不准一会也能钓上来个超大的鱼。我们船上的人运气都不错，还没过多久就有人钓上一条。赵传扔下渔线就跑过去，红着脸问人家："能借你鱼用用吗？"

"借？"赵传把老外问的一头雾水，"好的，可是怎么借？"

"我就是想和它照个相。"要是万一空手回去，也可以假装钓到鱼。

老外也挺高兴，特别爷们儿地把鱼递过来："拿去！"

赵传如获至宝，小心翼翼地拎着渔线，摆出一脸胜利的姿势照了张相。

还没等赵传把鱼模特还回去，我们这边也开始大丰收了。Remy运气最好，钓到一条石斑鱼，Sun钓了条带鱼。不知道怎么会钓到带鱼，10厘米左右的宽度，扁扁的银白色身体，比家乐福里的带鱼短些，只有50厘米左右长，刚拉上船就死了，瞪着两只大眼哀怨地看着Sun。奇奇这里也拉上来一条baby鱼，只有拳头个大小，色彩倒是艳丽得不行。船员问我们是否要留下这条鱼，Remy想起每条鱼要30美元的加工费，赶紧慈悲地说："放它回家吧，它还这么小。"

Sun转眼又钓上一条，我们集体埋怨她："啊呀，还钓，你个败家孩子，哪有这么多钱啊！"

Sun也委屈："死都死了，也扔不回去了啊。不然扔别人筐里吧！"

船长也不等Sun做小动作，把鱼摘下来拿个绳子穿进鱼鳃里，问了房间号，把号码牌拴好，高兴地拍拍Sun的肩膀："晚上，送到你们房间去。"

Sun嘟嘟囔囔："又不是送来抹油的男仆，用得着这么高兴吗？"

鱼有很多种做法。船长发给我们一张表格，可以在自己喜欢的口味上画钩，晚上厨师就会按要求做好，送到房间或者去高级餐厅享用。烹饪表格上的字能认得的不多，好在鱼很多，我们胡乱选了几种，回去换了晚礼服去吃每条30美元的鱼。

通常吃鱼的地方在小餐厅里，今天却很特别，不知为何被安排到海滩的亭子里。亭子前摆着两支火把，沙滩上撒着花瓣，亭子里的桌上摆着蜡烛。我们问了服务员，这里通常是选择蜜月套餐的游客才可以享用的。

Remy惴惴不安："会不会额外收我们钱啊？其他钓到鱼的人怎么都不在啊！"

Sun却天生混不吝："先吃了再说，要钱没有，看能怎么样？"

"走吧，都穿成这样了，怎么也得来个浪漫的啊，没准谁看上你了，我们走时把你扔这抵债就两清了。"奇奇说。

赵传兴高采烈："惊喜啊，要是他来得那么快，30美元可真值！"

其实鱼的味道一般，倒是傍晚漫天的红霞让人难以忘怀。亭子直面大海，漫天的红霞把所有人的皮肤映得光彩熠熠，开阔的大海里一艘帆船缓缓漂过，亭子旁边的鸡蛋花随着海风落下，香气扑鼻。红霞持续的时间很短，三五分钟就被黑暗吞噬。我们坐在烛光里，吃着口味怪异的鱼，身边是笑容可掬的服务生，脚下是无数花瓣，心里真是感慨万千。后来Remy终于说："如果对面是个男人多好。"

要提一句的是最后结账，鱼的加工费用一共收了30美元，不像前台所说的每条鱼30美元。不知道是算错了还是前台不熟悉业务？

过来人经验 | PERSONAL EXPERIENCES

赵传： 出海钓大鱼考验抗晕船能力，一般人玩玩浅水海钓就很好啦。非要出远门可以考虑在肚脐上贴个膏药，可以防止晕船。

Remy： 可以把鱼送到房间，但在露天餐厅吃的感觉非常好，如果对私密性要求不是那么高，最好在餐厅用膳。

奇奇： 无论如何也钓不上鱼的，可以找船员帮忙，他们也很不好意思看着客人一无所获。通常船长出手必有石斑鱼，想吃石斑鱼的可以参考。

Sun： 在船上，要找背阴的一面，不然脸会被烤熟了。钓鱼到天黑的话，如果仔细，能看到海面上有星星点点的闪亮，据说是浮游生物，有点像电影《阿凡达》里面的场景，奇幻得很。

PART 4 马尔代夫日记 — 海钓，居然钓到一条带鱼

回到北京才发现，这张照片里GO Suna一脸怪相

Sun演绎另类花仙子

购物

因为未成年时蹚过旅游这行的"浑水"，深知其中水深坑多，我们出去旅游很少买东西。这几年却不一样了，随着年龄越来越大，总喜欢带点儿东西回来送给亲朋好友。去马尔代夫当然也不例外。可惜岛上的东西没啥创意，价格又太贵，只好去机场买。有几个纪念品非常不错，后来收到的朋友都咧着大嘴直夸有品位。

马尔代夫明信片+鱼邮票，大概5美元，这个特色礼品广受好评。

马尔代夫小拼图，5美元，拼好后有明信片大小，可以装进相框里。

鲨鱼牙样的挂饰，便宜的10美元，大颗的70美元。

带牙齿的小鲨鱼颌骨，144美元，盘子大小，看着那样仍有种"死有余威之感"。

鲸鱼尾巴形状的银质吊坠，12美元。

椰子烟灰缸3美元。

鱼干3美元，本人觉得很难吃，一股烟熏味道。

猴面包果干3美元，这个我觉得更难吃，但还算有特色。

棕榈叶包着的椰子糖，8美元一大条，非常甜，不合国内口味，建议放弃。

贝壳饰物基本都在10美元左右，做工和海南地摊货差得很远，可以不用理会。

我们在岛上问过服务生："你们不是要保护生物吗？怎么还卖鲨鱼牙？"

"那些啊，都是外地的鱼。还有用塑料做的呢！"

虽说有可能是塑料制品，奇奇还是给朋友带了一颗鲨鱼牙回来。朋友收到后高兴得立马戴好。这颗牙齿稍微有点儿弯，戴上以后尖尖直指咽喉要穴。后来朋友说，某天午睡差点被鲨鱼牙扎死。好在当时嫌贵买了小颗的，再大一点儿的话朋友就要被这个复仇之齿咬碎了。

过来人经验 PERSONAL EXPERIENCES

赵传：离岛，结账退房以后仍旧可以下海玩耍。岛上有公共浴室，里面设施也很齐全，吹风机、浴液等都有，洗澡、换衣都很方便。也可以办理延住（最多到下午4点）。不用自己搬运行李，只需要将行李放到房间门口，就会有专人一直负责搬运到机场。

Remy：粘有鱼邮票的明信片，最受朋友们欢迎。

Sun：马累可以不用去，没意思。

MALDIVES

PART 5

▶▶▶▶▶▶▶▶▶
马尔代夫 书友真心话

精简版马尔代夫书友旅游真实感受记录！中肯评论助您精选最适合自己的岛屿。

1 书友Loli阿丫

类型：蜜月游

人均花费：24 494元

岛屿：Huvafen Fushi　　　详见p.42

晚餐是自助和点餐交替来，菜单有中文，周日是龙虾大餐，每人155美元，HB客人打75折，再加16%的税。餐厅的主菜一般30美元以内，用料给力，又美味又顶饱，面包随便吃，用餐时想喝免费水，就说"pouring water"。

最爱：在度假村的沙滩边喂食黄貂鱼的活动。当初选岛无从下手，庆幸买了这书，得知芙花芬岛有世界首创的海底SPA，果断拍板！花了1 700元人民币，体验了LIME Spa，见识了不用戴呼吸管的360度海底全景哦！

2 时尚造型师云雾儿

类型：蜜月游

人均花费：23 692元

岛屿：Huvafen Fushi　　　详见p.42

和老公订的2晚豪沙+2晚普水。先说豪沙，我们住的是东北方向的，虽面朝潟湖，偶有玩帆船的人，但环境算不上闹腾。面朝南的房比较吵闹，因为正对岛上的最佳浮潜点，人比较多。后来住的普水在岛的西北方向，比豪沙更幽静，只是离活动中心区太远了，去吃个饭换个衣服也象走长征似的。另外，洗浴用品提供的是欧舒丹和REN。

3 书友莫汉娜

类型：蜜月游

人均花费：25 342元

岛屿：One & Only Reethi Rah　　详见p.56

选到这个岛真是我们的幸运。我和老公都是"好动分子"，身边友人推荐的岛都不是我俩的"style"，得亏一朋友送我这书，帮我们做了最明智的决定——选择瑞提拉岛。和老公想浮潜，就借了辆双人水上自行车，骑到珊瑚区，"噗通"跳下去，鱼儿看个够，哇哈哈……岛上开辟的运河中鱼又多又美，但水挺深，略有一点儿害怕，潜水新手还是在海滩周边浮潜为妙。

这里还有个兰花园，也挺适合度蜜月去看的，其中有些名贵品种从没见过，很娇艳。

4 书友跳跳糖378

类型：蜜月游

人均花费：26 321元

岛屿：One & Only Reethi Rah　　详见p.56

岛超大，易迷路，还是坐Buggy省劲方便的多，只是小费预算得增加了。我们住的是Beach Villa，虽然是最便宜的房子，但感觉很好，天花板非常高，面积有130多平方米，特气派，比较适合度蜜月居住，因为房间间距比较远，十分私密！

水屋我们住的是NO.111号。屋子周围有网状跳床，可以玩蹦跳，也可以趴着喂鱼。屋子下有不少鱼在游，很好玩。

最爱：抵达后，管家先为我们做了免费ESPA足部SPA，特解乏！洗浴用品是大卫·杜夫牌的。沙滩骑车可是技术活，尽管老摔，但是挺有意思。

最不爱：Rah Bar的免费下午茶不太合口，单点了牛肉汉堡，竟然41美元。

5 美女编辑燕子

类型：蜜月游

人均花费：20 136元

岛屿：Gili Lankanfushi　　　详见p.64

其实有点儿不爽，住处直面的海面不远处是Paradise Island，远望过去视线会被挡住。而且这个岛周围珊瑚好像不是很多，没能找到一下水就可浮潜的感觉。

关于房子：我们选的是Villa Suite36号。房子还是不错的，有天台、露台，卧室也带大落地窗。木板围起的私家海水泳池挺适合裸泳，"吼吼"。

还有要说的是水屋。水很清，但没什么鱼！听到其他人都说下水就能喂鱼好羡慕啊！

关于餐点：HB的晚餐是点餐式，一杯果汁15美元。

最爱：强烈推荐尝尝水上酒吧的墨鱼汁意大利通心粉，让我视觉、味觉一次性大满足！

6 书友Vivian1982

类型：蜜月游

人均花费：21 468元

岛屿：Gili Lankanfushi　　　详见p.64

据我实地考察，建议大家首选水屋Jetty3，因为能游到one palm岛和three palm岛去浮潜，那儿的鱼很多，记得上岛穿鞋，不然会扎脚。

我住的房子是Villa Suite 40号，露台直面one palm岛，那景观真是美不胜收，一望无际的印度洋上的一个孤岛，太赞了！从房间一侧能看到日出，另一侧能看到日落，很浪漫。

其他：岛上能看露天电影，不过要收费。

最爱：我们选的蜜月礼包特超值，因为既使初略一算，仅SPA和晚餐就要400多美元呢。

7 书友361花衬衫

类型：蜜月游

人均花费：19 842元

岛屿：Club Med Kani　　　　详见p.76

有天从同事桌上无意拿起这本书，我竟读得废寝忘食，尤其是书中4个女孩的爆笑麻袋日记，让我产生了"总有一天定要去体验"的冲动，也就有了这次的卡尼蜜月之行。我们住了2晚高级房+2晚水屋，水屋是NO.128，下水没见到鱼，"呜呜……"水屋边有个小酒吧，坐在酒吧外的网床上，喝着免费饮料，赏着日落倒很是惬意！

选这个岛就因为它"一价全包"，上岛以后没有什么额外花费，玩起来没有负担。吃自助餐时，凡标牌上写着"今日特选"的一定要吃，绝对美味！

最爱：一是免费浮潜，每天上午10:00和14:30各一次。二是每晚的节目都有化妆游行。有芭蕾舞表演、有服务生表演的杰克逊太空舞模仿秀，每天都是小派对，很有意思。

8 书友Papa麻麻

类型：亲子游

人均花费：13 773元

岛屿：Club Med Kani　　　　详见p.76

带孩子来的国人还真不少。上岛第一天，儿子就找到了一起玩的小伙伴。

岛上大多数的项目都免费，说说我参加的自费项目吧。选了"蓝色珊瑚礁+水上飞机20分钟"。一早去无人岛浮潜，水较浅，只看见白色死珊瑚和小鱼，没什么意思；然后上船抵达蓝色珊瑚礁，深蓝色的汪洋中，大片珊瑚好像长在悬崖峭壁上，色彩斑斓的热带鱼穿梭其中，真的很美丽；最后去了居民岛，逛小店，东西比较贵买起来不划算；下午是水上飞机观光，里面有点封闭式的感觉。很热，噪音大，一直汗流浃背地在拍照。整个行程合1 200多美元，总的来说不大适合亲子游。

9 书友张靓靓

类型：蜜月游

人均花费：24 996元

岛屿：Cocoa Island　　　　详见p.68

身边去过马代的朋友介绍的岛，都不合我心意。有一天逛书店，发现这本书，终于找到了我心仪的岛，很喜欢这里自然古朴的质感。我们订的是单层Dhoni船屋，后来免费升级为双层的了，惊喜！！买5夜送2夜，提前45天预订的，所以前5天送150美元券，不过只限用在餐费和SPA上。

全岛看来，东边的房面对的泻湖较大，水比较平静，但珊瑚不多；靠西方的，水更深，浪更急，珊瑚多，鱼也多。另外，Cocoa的拖尾海滩享有盛誉，必须留下倩影！

最爱：在cocoa浮潜不必出海，日落方向有个私人码头，从那下去就可以看到海沟，鱼超多，能看花眼喽。我们住的房间离海沟比较远，下水游过去需要1小时，按本书指教带了防晒衣，很英明。

10 新浪书友白兔小四儿
类型：蜜月游

人均花费：25 053元

岛屿：Cocoa Island　　　详见p.68

主要说下吃的吧！这里只有一个餐厅，只包早餐，而且每个房只能点三道，超出就要收费哦！午、晚餐都是点餐式西餐，水一瓶7美元。上菜一般都要用时半小时以上，单点的话，沙拉、炒面30美元左右。可以点些高级食材做的菜品，味道真心好，但比萨、三明治却吃不惯。离岛前夜咬牙点了最贵的套餐，花了220美元。来Cocoa一定要自带些吃食！

我们住的房屋NO.826水下鱼不多，但离传说中的海沟近。提供的护肤品是COMO Shambhala，空气中永远弥漫着清爽怡人的芳香。我们尝试了最便宜的SPA，shambala massage每人160美元，感觉还可以。

最爱：炭烤牛排60美元左右，我觉得非常好吃，力荐！

11 书友sunny
类型：闺蜜游

人均花费：28 359元

岛屿：Banyan Tree Madivaru（马迪瓦鲁悦榕庄）　　　详见p.52

我们是雨季时去的，价格是旺季的6折。一上岛就被管家告知，目前岛上除我们以外没别的客人，真是惊喜啊！我替大家环岛侦查了一番，6间帐篷别墅里面No.3和No.4从外面就能看见泳池，私密度不够。No.5身处员工区域，感觉怪怪的但最隐蔽。帐篷内只有卧室有空调。一进屋，便袭来一阵清新舒爽的柠檬草味，是香薰。别墅外围的私家面海凉亭是赏日出和落日的最佳地点。岛上景致一副原生态，密林丛生，所以防蚊准备一定要做充足！

三餐都是点餐式，菜品被形容为秀色可餐绝非言过，味道自然错不了。房费除了包含三餐和不含酒精饮料外，最令人激动的是，还包含早晚各种出海活动，像海钓、看海豚、多尼船航行等。

最爱：在沙洲享用浪漫烛光晚餐。

12 新浪书友清清流水
类型：蜜月游

人均花费：24 250元

岛屿：Conrad Maldives Rangali Island

详见p.18

到哪儿度蜜月，一度让我很纠结！去书店的旅游书区找灵感，被一本封面挺好看的书吸引，翻开看感觉不错，既有美图，又有详细实用的介绍，而梦幻般全玻璃海底餐厅的图片，令我灵光一现，也就有了这次完美浪漫的蜜月之行。

海底餐厅太抢手了，只能容纳6桌，所以一定要趁早预订！我们订的午餐，一人200多美元，仰面望向炫目的鱼群，周围簇拥着珊瑚群和靓丽的小鱼，以至于忽略了午餐滋味竟如此差强人意！个人感觉，从价格、拍照和视觉效果综合考量，午餐的性价比优于晚餐。晚餐一人至少300美元。另外，餐厅还有上午11:00～12:00的甜点时光，一人55美元。

港丽除了送香槟和蜜月晚餐外，还送我们半天出海游，可在50美元/人的项目中任选。

13 新浪书友要拾肆

类型：蜜月游

人均花费：21 927元

岛屿：Conrad Maldives Rangali Island

详见p.18

沙滩屋虽然是最便宜的房型，但也相当不错了，有庭院，有喷泉，凉亭下还有大理石浴缸。从房间的沙滩下海，一路游出去就会遇上一大片珊瑚和鱼群。景致最好的房间是NO.201～NO.209。水屋也住了，与相邻的房间距离比较近，但因为露台设计的好，还是很私密的。这里的卫浴用品是宝格丽牌的。

餐饮方面也不算贵，在Vilu豪点了一顿，生蚝、龙虾、鹅肝、软壳蟹、牛排，总共花了323美元。每天16:00～17:00 MANDHOO餐厅还有免费下午茶。17:00～18:00在Vilu Bar有"Happy hour"的免费鸡尾酒。

最爱：长500米的跨海栈桥，连接了港丽的大岛和小岛，不仅景色绝美，还是拍照的好地方，而且天刚暗的时候魔鬼鱼群会来觅食，也是必看点。从大岛可直接游到Rangali专属的珊瑚礁浮潜，小岛很幽静，适合赏落日。

14 书友小小猫caaat

类型：蜜月游

人均花费：22 827元

岛屿：W Retreat & Spa – Maldives

详见p.36

我是凡消费必讲性价比的人。想去马代度蜜月，要住最浪漫的水上别墅，但不能死贵，上网看帖，越比越乱。周末逛书店，发现这本书，有美图、详解、省钱办法，"my style"，买了！和老公住的是ocean oasis，超爱露台上的按摩池，巨大无比，泡着赏海景超滋润呢。更爱夜晚打开水下照明灯，透过玻璃地板看小鱼。每天送4瓶矿泉水，另有收费矿泉水，注意根据牌子区分价格高低！水屋NO.225~227因面向深海，私密度高。洗浴用品是Bliss牌的，但要自备牙刷和牙膏哦！

在SPA和FISH餐厅间的水域浮潜看到了海龟和鲨鱼，这儿的鱼品种较多，但是水质没有水屋那边好。另外，主沙滩旁的珊瑚群也适合浮潜。

岛上分散着6个迷你酒吧，有免费的雪糕、冷饮、沙滩毛巾、30倍防晒乳、湿巾、防蚊水、制冰机。

最爱：玻璃船一定要划划看，感觉很奇妙，免费的。

🌀 书友猴喜欢

类型：蜜月游

人均花费：24 557元

岛屿：W Retreat & Spa – Maldives
详见p.36

客房我们住的是两层的沙滩绿洲。屋顶观景台的秋千沙发床利用率最高，周围绿树婆娑，远眺海滩那叫一个美呀！但是，沙滩房观景台的间距很小，没啥私密性可言。

餐厅方面印象最好的是鱼烧烤餐厅，赏日落的绝佳地点，但吃饭很贵。我们海钓上来的3条鱼就是在这里吃的，除了烤鱼外还点了果汁、扇贝（40多美元）、蔬菜沙拉，共计220美元左右。这里也有自助餐，每人110美元（不含酒水），一瓶红酒大约200美元左右，印象中有烤大虾和烤全羊。注意，这里蚊子多，晚上去之前记得把防蚊液涂上。

岛上三家餐厅中最实惠的是Kitchen，晚餐点牛排配沙拉和主食，约800元人民币，味道很好。也可以在自家露台吃烧烤，食材让服务生送来，又好吃又便宜。

🌀 书友正义的红肠侠客

类型：蜜月游

人均花费：19 926元

岛屿：Beach House Iruveli　　详见p.32

我们的岛很独特，但是也很远哦……到达马累后，先坐45分钟内陆飞机，再坐45分钟快艇，然后才来到了我们梦寐以求的地方。我们住的是Ocean villa，喜欢起居室里的玻璃地板和露台上的秋千床、网状吊床。虽然屋外海水清澈，但海底全是礁石，Beach House几乎无周边浮潜的条件。后来在dive centre靠近码头那边，才见着了大片的鱼群。

注意：上岛当天就要预订出海活动，浮潜分免费的1.5小时浮潜和收费的3小时浮潜。收费浮潜、黄昏钓鱼、看海豚等都是大约70美元一位。

17 书友窗边的小月亮

类型：蜜月洲

人均花费：22 326元

岛屿：Beach House Iruveli　　详见p.32

对去马代度蜜月一直很憧憬，却在选岛时举棋不定，都挺美，但貌似都缺了点什么。一靠谱的朋友送了我这本书。作者精选了10大岛屿，将各岛最经典、最特色的地方展露无遗，助我最终找到了心仪的岛。和老公住beach villa，超大的浴室里有个巨形按摩池，悠哉呀！室外泳池也不小，游着爽呀！冰箱里的牛奶和水都是免费的，其他都收费！

免费自助早餐中单点的饮料是免费的。晚餐无论自己单花钱，还是含在包餐里，都需要预订，切记！在Medium Rare里用晚餐，饮料花费不超过30美元就免费。Saffon里的菜是亚洲口味，Medium Rare里的是西餐，吃过一次，味道好淡，非常不适应。Saffon里有中文菜单，我们订的是HB，包的晚餐是65美元档，点的是寿司，海鲜和肉超级给力，撑爆了！Infiniti里下午和晚上都有"Happy Hour"，买一送一。

18 书友Iree

类型：蜜月游

人均花费：33 746元

岛屿：Landaa Giraavaru

网上麻袋旅游的帖子铺天盖地，晕！于是去逛书店，翻了几本，最终锁定了这本，它既精选了马代特色岛，更重要的是，还突出了该岛的实用信息，后来花两天时间我就选好了岛。我们住在beach villia with pool，室外泳池有12米长，很牛。主房间旁边有个露天起居室，2层的茅草屋，一层有沙发、茶几，二层有个床，可以躺着看海。住在岛的南面，很适合浮潜，这儿的沙滩不缓不陡，往前游个5米左右就开始有珊瑚了。水屋有个观海楼阁，上面摆了双人榻，四仰八叉地躺着或闲适而卧，那感觉，赛神仙呀！浴室用品是欧舒丹的，还有晒后修复凝露，挺贴心的。

最爱：拖尾沙滩蜿蜒在岛的正面，一直延续到意大利餐厅，此景堪称本岛一绝，拍照留念，必须的！

19 书友海的泪珠儿

类型：蜜月游

人均花费：31 846元

岛屿：Landaa Giraavaru

早餐可以在主餐厅吃自助餐或在点餐式的意大利餐厅吃。我们订的是HB，晚餐选择多多，有海边BBQ、主餐厅的东南亚菜系以及阿拉伯餐厅和意大利餐厅。免费晚餐究竟多丰富，请看：龙虾、牛排、海蟹、虎头虾……（饮料收费）。

Al Barakat附近的海域有很多漂亮的大鱼，是浮潜的好去处。凡有水上活动的地方，Landaa都提供大瓶装的SPF30+防晒乳。每天清晨的集体瑜伽和傍晚的娱乐活动都是免费的。

最爱：Landaa的无边泳池，50米长，经常是我俩独享！旁边有个小海水池，可以玩漂浮！

20 书友三个半花蛤

类型：蜜月游

人均花费：13 812元

岛屿：Komandoo Maldives Island Resort
详见p.77

我们住的水屋Eagle Ray，虽有点儿陈旧但性价比很高，设备也齐全。室内有四面带帷幔的床、可观海景的按摩浴缸、小吧台、CD播放器、原木大躺椅。室外露台面积不小，沙发床、躺椅都有。水屋和餐厅位于岛的两端，每天至少要走3个来回1 000米，很是考验体力！

Komandoo适合浮潜，从海滩游过2条小海峡，就能见到大片的珊瑚和鱼群。每天还可以坐多尼船去姐妹岛Kuredu，30分钟航程。

我们订的是FB，除了包三餐外，还有一次免费的夕阳航海之旅。餐厅和酒吧都是依海而建，赏心悦目。

最不爱：这里没有夜生活，晚上其实有点儿无聊。

21 书友linda洋洋

类型：蜜月游

人均花费：11 851元

岛屿：Kuredu Island Resort
详见p.78

我们住的沙屋No.144，出屋下水，近处只有些水草，也有大鱼，但不多，要游出去才能看到很多鱼。海面上有一些红色的浮球，是有珊瑚的标志。

餐厅分两种，一种是点餐式，座位少，面向大海，有情调；另一种是主题餐厅，每晚变化主题，如果房间属于该餐厅供应区域，那么一切好办，早餐免费供应橙汁、咖啡、茶以及水，晚餐除了水免费，其他饮料均需付费。对于HB的客人，如果房间不属于该餐厅供应区域，那么就要在中午提前预订，FB客人无需预订。

前台旁的AKIRCA酒吧有免费无线网络，

其他地方想上网，5美元3小时。靠近水屋的一角，是只在退潮时才出现的拖尾沙滩，一定要把握时机拍照！

最爱：沙滩上有做婚礼仪式用的仪式亭，还有一个非常有气氛的秋千，浪漫之极啊！岛上办婚礼需约1万人民币。

22 书友刘忻-HR

类型：蜜月游

人均花费：14 541元

岛屿：Kuredu Island Resort   详见p.78

老公求婚时送我这本书，说让我从中挑个岛去度蜜月，太幸福了！这书图文并茂，有详尽实用的信息，仔细分析岛的特色，还有客观专业的点评，最后还有巨逗的游记，为我选岛帮了大忙！我们住的Jacuzzi beach villa，后院有个茅草屋顶的按摩浴池，旁边是大休息床，很别致。

Bothi和KOAMAS食物种类多，好吃，但人多嘈杂，Sangu餐厅适合烛光晚餐，食物种类略少些，但也很好吃，比如海鲜烤串、法式羊排、酱汁猪排都有。O RESTAURANT是直面大海的餐厅，适合吃早饭。去koamas吃晚餐，大爱牛排，超嫩，烟熏三文鱼和铁板马鲛鱼，也非常好吃！

最爱：我们预订的half day safari，先是玩各种刺激的甩尾、转弯，20分钟后到了海豚聚集地，去追逐海豚，最后到了无人岛，附近的浮潜环境太棒了，只游了几分钟就见到了巨大的珊瑚礁群。

23 书友黑匣子的赵媛媛

类型：蜜月游

人均花费：21 500元

岛屿：Angsana Velavaru（维拉瓦鲁悦椿度假村）   详见p.44

我们住的沙屋离海滩上的最佳赏夕阳地挺近，大体看了下，房号从40~50的比较靠近排沙口，不太好。水屋方面，离豪水越近，浮潜越好，我们住的323号日落房，位置不错。洗浴用品出自Angsana。

餐点方面选择的是B&B，晚餐都在bar里单点，有中文菜单，比萨30多美元，完全够2人吃，汤约10美元，70美元两个人足矣。住水屋，可选择在水屋餐厅或沙屋餐厅吃饭；住沙屋，只能在沙屋餐厅吃，但我觉得沙屋自助餐更好吃一点。

最爱：在主岛教堂举行了婚礼仪式，先坐快艇上岛种爱情长久椰子树，树坑都用紫色兰花围成心形，真是挺浪漫的。然后去薇拉瓦鲁石绕三圈，最后踩着玫瑰花瓣步入教堂完成仪式。当晚，要了龙虾大餐庆祝，每位不到100美元，还很丰盛！

㉔ 书友张三

类型：蜜月游

人均花费：16 842元

岛屿：Angsana Velavaru（维拉瓦鲁悦椿度假村） 详见p.44

选房很重要！北面的屋院前是大片沙滩，不太私密，但南面排沙管较多，沙滩小、海浪声大，东面是浮潜最佳地，还能看日出。我最爱房间后院的露天按摩浴缸。我们住了普水和豪水，比较起来普水少了长廊和瑜伽亭，但整体也算比较豪华。

水屋的餐厅周二、周六是自助餐，其余都是意大利菜。沙屋的2个餐厅，一个是码头旁的水上餐厅，一周只开两天，要预订！沙滩晚餐的座位很别致，半只船的造型。晚餐的水需自费，沙屋的餐厅里小瓶矿泉水每瓶2美元，水屋就要8美元。

海上活动收费和免费项目都需预约！浮潜有免费出海浮潜、50美元/人的环礁浮潜、150美元/人的私人浮潜。上午最适合浮潜，水清鱼多，下午适合拍照。我们选的是坐多尼船浮潜，潜了1个多小时，沿着环形的珊瑚礁游了半圈，旁边就是景色特美的珊瑚峭壁，上面都是分层的各种鱼群，往下看就是深不见底的深海。黄昏垂钓也尝试了，60美元，晕船、无斩获。

㉕ 书友人物

类型：蜜月游

人均花费：24 991元

岛屿：Taj Exotica Resort & Spa（泰姬珍品度假村）

Villa完全藏在绿植中，很美，私密度也高。选豪水的时候注意避开能看到马累的，远眺的时候老觉得不尽兴。选普水的时候注意，房号在100～109之间的不是太好，退潮的时候屋子下面的水会变得很浅。Taj Exotica附近虽无大片珊瑚群，但鱼很多，主要集中在豪华水屋的区域，水屋的柱子附近全是小珊瑚和各种小鱼。海水较浅，适合对浮潜要求不高或不会游泳的人。

在24degree吃晚餐，味道好的有寿司拼盘、盐焗虾、小羊腿、咖喱蟹。

最爱：喂小鲨鱼和海滩上喂魔鬼鱼，很有趣。

拍一拍，分享马尔代夫旅游心得！

策划编辑：陈凤玲

责任编辑：陈凤玲

图书在版编目（CIP）数据

马尔代夫旅行随身书／王蕊等编著．—北京：旅游教育出版社，2011（2014.1）
ISBN 978-7-5637-2051-4
Ⅰ．①马… Ⅱ．①王… Ⅲ．①旅游指南—马尔代夫 Ⅳ．①K935.99

中国版本图书馆CIP数据核字（2011）第234861号

（本书中所使用马尔代夫各度假村之图片分别由马尔代夫各度假村提供）

马尔代夫旅行随身书（第2版）

王蕊　赵传真　孙琦　吴奇　编著

出版单位：	旅游教育出版社
地　　址：	北京市朝阳区定福庄南里1号
邮　　编：	100024
发行电话：	（010）65778403　65728372　65767462（传真）
E-mail：	tepfx@163.com
印刷单位：	北京利丰雅高长城印刷有限公司
经销单位：	新华书店
开　　本：	889毫米×1194毫米　1/24
印　　张：	6.5
字　　数：	114千字
版　　次：	2014年1月第2版
印　　次：	2014年1月第1次印刷
定　　价：	32.80元

（图书如有装订差错请与发行部联系）